JN056933

子どもの自尊感情をいかに育てるか

いじめ問題を中心に

金沢学院大学特任教授
高　賢一　著
TAKA KEN-ICHI

まえがき

世の中がめまぐるしく変化し、人々の価値観や子育ても多様化していますが、いつの時代でも変わらないのは親子の愛情であると信じています。子どもたちは日本の大切な宝物であり、無限の可能性を秘めています。ところが残念なことに、日本の子どもたちは、先進国の中でもとりわけ自尊感情が低いと言われています。我々大人には、子どもたちの成長を支える責務があります。本書では、子どもの自尊感情を低めるいじめ問題の対応も含めて、親の視点から子どもの成長支援を考えます。

私は、公立中学校・公立高校教員として、長らく学校教育相談活動に関わってきました。現在は、大学教員として「教育相談論」などの教職課程の授業を担当する一方、これまで学生相談室の専任カウンセラーとして、学生や保護者のカウンセリングに取り組んできました。加えて、公立中学校・公立高校のスクールカウンセラーとして、また地域貢献の一環として、不登校の子どもを抱える親の学習会（やすらぎの会）のアドバイザーとして、長年、不登校の子どもたちや保護者を支援しています。

平成29（2017）年9月に、北國新聞社出版局より『不登校を乗り越えるために』という書籍を出版いたしました。不登校のお子さんや親御さんの視点に立って、不登校を乗り越えるための具体策を提案しました。「読みやすい」「すぐに役に立つ」「不登校の子どもを抱える親としてたくさんの勇気と感動をもらった」「子どもを新たな視点でみることができた」「もっと早く読みたかった」「他の人にも読んでもらいたい」など、多くのコメントを頂戴しました。

平成30（2018）年4月より、北國新聞の生活・文化欄で週1回「高賢一の実践親子塾」を連載させていただきました。この連載は、親が思春期の子どもとどのように接したらいいのか、親子のより良いコミュニケーションのあり方を模索するものでした。令和2（2020）年5月に、こうした連載記事（72編）を整理して再編集した『思春期の子どもとどう接するか』を、さらに令和3（2021）年5月に『家庭で役立つ10代子育てのヒント』を同出版局より出版しました。

本書では、前の3冊を補完する形で、自尊感情といじめの問題に焦点を当て、親としてどう支援したらよいかを考えます。また、私が注目している新進気鋭の教員の教育実践など、具体的な事例も紹介しながら、皆さんの参考になればと考えています。

さらに私がアドバイザーを務める親の会「やすらぎの会」が、令和2年に発足10周年を迎えたのを記念して、会員有志の皆様に寄稿していただいた体験談18編を掲載しました。同じような悩みを持つ皆さんに大いに参考になると思います。

本書は、これまで私が取り組んできたことの集大成となるかと思います。お読みいただき、子育ての引き出しのひとつにしていただけたら幸いです。

高　賢一

目次

まえがき

第1章　子どもの自立のために

【1】親はどうあるべきか……14
親は子どものコーチになる……14
子どもの生きる力を育てる……17
子どもを愛するということ……19
子どもの「じりつ」を支える……21

【2】子どもに教えたいこと……23
自分には生きる価値がある……23
人生は自分次第である……24
周りと良い関係を持つために自分を表現する……26
意識して自分で選択する……28
異質なものを受け入れる力をつける……30

第2章　子どもの成長を支える自尊感情

【1】 低い日本の子どもの自尊感情 …… 32
子どもの自殺が過去最高に …… 32
どんな自分でも自分には価値がある …… 33
自尊感情を測定する「自己評価シート」 …… 35
自尊感情が低いことで起こること …… 37
幼い時の両親からの影響 …… 38
【2】 子どもの自尊感情を高めるために …… 40
なぜ自己否定するような価値観を持つようになったのか …… 41
抑えすぎてしまった感情、その本当の気持ちを聞いてもらう …… 42
何げない長所を認め、自尊感情の変化に対応 …… 44
嫌な人からはできるだけ距離を置く …… 45
褒められたら謙遜でなく「ありがとう」と受け止め …… 45
「できません」より「…ならできます」に …… 46
「～しかできない」を「ここまでやれるようになった」に …… 47
日常で好きなこと、楽しいことを増やす …… 47

「できたことノート」で自分の良い面や望みを発見……48
比較するなら他人でなく「過去の自分」に……49
なぜか周りから褒められるといった経験はありませんか?……50
親切にする→「私は役に立っている人」の自尊感情……51
【3】子どもの意欲を引き出すアプローチ……52
相手の言いたいことを聴き「そうなんだ」と受け止める……53
「あなたがいて嬉しい」「よく頑張ったねえ」……53
質問で子どもの可能性を開く……54
建設的な質問を心がける……55
未来と現在をつなぐ質問「GROWモデル」……56
「やる気をなくす言葉」から「やる気を引き出す言葉」へ……58
良いコミュニケーションのためのツボ……61

第3章　子どもの自尊感情を奪う「いじめ」

【1】現代のいじめの特徴……65
生きる気力さえ奪う「いじめ」……65
「いじめ」はもはや国家の非常事態……67

現代のいじめの分かりにくい特徴3つ …… 69
見えない所で巧妙に、発見難しい …… 69
いじめる子の罪悪感が乏しい …… 71
「たいしたことない」からかいを延々と受ける …… 72
何人もが一人の子を…、いじめの全体像を認識させる …… 74
止まらないいじめで、不登校、病気、そして… …… 74
なぜ先生や親に相談しないのか? …… 75

【2】いじめを早期発見するために

…… 77
いじめられていると言えるなら問題は簡単 …… 77
わが子がいじめられていることに親がまず気づいてあげて …… 78
「いじめ発見チェックシート」の活用を …… 79
親の目にははっきり分かる変化 …… 81
子どもを救うために、いざという時は立ち上がる …… 83
新しくなった教育委員会制度 …… 84
いじめに打ち勝つためにどうあるべきか …… 85
学校と保護者はいじめ防止のため連携を …… 86

第4章 いじめを解決するために

いじめが判明、素早い「初期対応」が重要 …… 88
【初期対応①わが子への対応】 …… 90
つらかった気持ちを受け止め、事実関係を聞く …… 90
親にとってかけがえのない存在だと伝える …… 91
先生と相談し、いじめを防ぐ仲間、風土、仕組みを作る …… 92
【初期対応②学校への対応】 …… 95
担任に状況を伝え、調査を依頼。学年主任にも …… 95
それで駄目なら管理職に連絡し、両親で訪問・相談を …… 97
【初期対応③教育委員会への対応】 …… 100
経緯を紙にまとめ、関係者複数で訪問する …… 100
親はできるだけ冷静に対応を …… 101
【危機的対応①弁護士への依頼】 …… 103
費用面がクリアできれば弁護士への依頼が一番 …… 103
【危機的対応②関係機関への依頼】 …… 105
大きな権限持った警察と児童相談所に相談する …… 105

第5章　親として大事なこと

1　罪悪感を手放す……109
2　子どもがいてくれることに感謝する……112
3　自分と子どもを信頼する……114
4　自分を語り、今を見せる（自己開示）……115
5　子どもと向き合う……117
6　子どものモデルになる……119
7　親子関係を適切にとらえる……122
8　社会に出るための訓練をする……124

第6章　不登校と向き合う親の体験談

夫婦で話し合って協力することが大切（Aさん　50代男性）……129
安心して胸の内を吐露できた（Bさん　50代男性）……131
話を傾聴して頂き感謝（Cさん　40代女性）……134
親の気持ちが前向きになると…（Dさん　40代女性）……136
「きっと乗り越えられますよ」と（Eさん　50代女性）……138
熱心に話を聞いて頂いた（Fさん　40代女性）……141
近くへの買い物を頼んだら…（Gさん　50代女性）……142
自立のタイミングが大事（Hさん　40代女性）……145
不登校から単身留学を選んだ孫（Iさん　80代女性）……148
不登校になったからこその出会いも（Jさん　40代女性）……150
自分と向き合い、思い込み手放せた（Kさん　40代女性）……151
登校以外の選択肢、もっとあっていい（Lさん　40代女性）……153
困難感じながらも自立を目指し（Mさん　50代女性）……155
会で話すことで出口の方向見えた（Nさん　40代女性）……156
双子の不登校を体験して（Oさん　30代女性）……158
家を子どもが安らげる場に（Pさん　40代女性）……160

どんな時もそばにいるよ（Qさん　50代女性）……162
子どものことを何も分かっていなかった（Rさん　40代女性）……164

第7章　高校生活の悩みQ&A

〔親からの質問〕……169
態度がコロコロ変わる子ども……169
子どもが何かに悩んでいる様子……171
イライラしている子ども……173
分かってくれない、と口もきかず……174
子どもが突然、競技への情熱失う……175
子どもが中退したいと言い出した……177
〔生徒からの質問〕……178
先生には気軽に相談できない……178
友達と無理に話を合わせる……179
試合にも出られない。やる気を保つには？……181

〈教師からの質問〉……182
試合で力出せない生徒、どう励ます？……182
謝　辞　公立高校教諭　古澤賢祐……185
参考文献……187
あとがき

子どもの自尊感情をいかに育てるか

いじめ問題を中心に

第1章 子どもの自立のために

1 親はどうあるべきか

親は子どものコーチになる

この本を手にしてくださっているのは、多くは思春期前後の子どもを持った親の方たちだと思いますが、私自身も子を持つ身であり、では自身の子育てはどうであったかと振り返ると、恥ずかしながら失敗の連続としか言いようのないものでした。しかし、そうした失敗があるからこそ、いろいろなことを皆さんにお伝えできるのではないかと思います。

失敗経験から学ぶこともたくさんあります。例えば、少し待てば子ども自身でできることを、ついつい「さっさとしなさい！」と口出しし、挙げ句の果てに親がやってしまうなどということはよくあることかもしれません。「自分でやる」ということは、子どもにとって一つ一つが貴重な体験です。なのに、親はそれを見ていて「イライラする」とか「危ない」とかで、ついつい口出し・手出しをしてしまいます。わかっちゃいるけど、ついついやってしまう歯がゆい経験でもあります。

親としては、**するべきことは子どもに任せ、子どもができるようになるまで待つことが理想**ですよね。これは、まるでスポーツのコーチのようです。コーチは、決して選手に代わってプレイすることはありません。コーチの仕事は、選手の才能を開花させ、より良いプレイができるようにサポートすることです。**ただ、親と子どもの関係というのは、コーチと選手のような関係とは異なる特有な関係があります。**

「大きくなったお子さんに、どう生きてほしいですか？」と親御さんに質問をすると、「幸せでいてほしい」という答えが多く返ってくるそうです。そこで、あえて「幸せになるためには、お子さんは何を学ぶ必要があると思いますか？」と質問すると、なかなか答えが返ってこないようです。

私たちは、毎日の子育てにおいて、「子どもの未来を考えてこうしよう」とか「子どもの将来のためにはこの方法がいい」などと考えて意図的に行動することはあまりしませんね。子どもの未来のために、親として自分がどうあるべきかなどとは思いつきません。家事や仕事を終えて、子どもを寝かしつけなければならない親は、そんなことを考えている暇などないはずです。

また、会社での仕事に疲れ、家に帰ってまで子どもに何を教えるべきかなどと考えるほど、親の生活に余裕はありません。とにかく子どもを守り、一日一日を無事に終えることが親の役割といえます。ですから、自分の対応の一つ一つが、子どもの未来にどんな影響を与えるかなど、そんなことまで考える余裕などありません。

考えることがあるとしたら、子どもの未来のために、子どもの才能発掘のために子どもに何をさせるか、どんな習い事や学習をさせるかです。確かにそのようなことを考えることも大切ですが、**親をはじめ子どもの周囲にいる大人たちが考えなければならないのは、もっと基本的な才能、つまり生きる力を育てることです。**

子どもの生きる力を育てる

生きる力とはどんな力でしょうか。

それは、**自分の人生を大切にし、日々起こるさまざまな問題に対応できる力**です。**自分の中に起こる感情的なものをうまくコントロールし、人の感情ともうまく付き合う力**です。

自分にとって何が良いのか、あるいは良くないのかを見極め、自分の人生を作り上げていく力です。どう生きるかを決める基本的な力です。

生きる力は、習い事で身に付くとか、何かができるとかいう力と同様、あるいはそれ以上に重要な力です。**本来、人はそのような力をもって生まれてきます。ところが、それは引き出されないと使える力にはなりません。同時に、やり続けないと身に付かないものなのです。**それでは、どうしたら子どもの生きる力を引き出すことができるのでしょうか？

私は、**子どもを愛すること、責任を持たせること、人に役立つ喜びを与えることと**だと考えます。

「愛する」というのはステキな言葉ですが、具体的にどのようにすることが愛することなのでしょうか？　先ほどの**「生きる力」を身に付けた子ども、それはまさに自立した子どもです。子どもの生きる力を引き出すやり方は、子どもの存在を全面的に肯定することから始まります。まさにそれが愛することなのです。**

条件を付けずに子どものあるがままを受け入れること、それが子どもの生きる基本となります。子どもは、ここにいることが肯定されて初めて未来の力が発揮されます。子どもを愛すること、責任を持たせること、人に役立つ喜びを与えることが大切ではありますが、言うことは簡単だけど、実際にはなかなか難しいことです。

人間性の豊かさによって理想の子育てができれば、そんな素晴らしいことはありません。しかし、人間には素晴らしい面もたくさんありますが、どうしようもないくらい欠点だらけです。人間性の豊かさや人格の高さが子育てのカギなんて言われたら、ちょっと引いてしまいますよね。

こうした難点を補うために、愛情をよりうまく伝える技術を身に付けていけたらいいなと思います。こうした努力を続けていけば、自ずと人間性も自然と養われていくのではないでしょうか。

子どもは一粒の種と考えてみます。子どもは、いちいち教えなくても息をするし、ご飯を食べるし、歩きさえします。私たちは、自然が作った人間の素晴らしさを信じる必要があります。何とかしようとしなくても、子どもたちは、内蔵されているプログラムにしたがって成長していくのです。もちろん、それだけではうまく成長することはできません。問題は環境です。**一粒の種が子どもだとしたら、環境は親です。水が足りないと育ちませんが、多すぎても根腐れを起こしてよく育ちません。**

子どもを愛するということ

子どもを愛すること一つをとっても、全く同じです。それは子どもの人格形成において不可欠な要素でありますが、愛しすぎると、愛さないのと同じくらい子どもをダメにする結果になってしまいます。**愛しても愛しすぎない。**求めても求めすぎない。コーチとしては、その程よさが大切です。**子どもの人生や生活に入り込みすぎないことが、コーチとして子どもの自立を支援する最高の姿勢**といえるのではないでしょうか。
私たちが客観的に子どもを見る目と冷静さを持ち、**子どもを自分の一部としてではなく、別の存在として敬意を払った時に、初めて子どもの可能性を引き出せるものと思われます。**発達段階によっても異なりますが、子どもを「できない人」ではなく、「できる人」であるとポジティブに受け止め、子ども自身の成長に合わせて、できることを見守ることです。

子どもを信じ、子どもの日々を子どもに任せることです。ただし、できることとできないことの見極めが難しいところですが、可能な限り手出しはせず、**子どもに求められた時にだけ最小限の手助けをします。任された子どもは自分の力を使います。力は使うにつれて成長します。**

そんなことを力説している私ですが、これとは反対のことをしていたのではないかと反省しきりです。

子どもの「じりつ」を支える

ところで「子どもの自立を支援する」ことが親の務めと申し上げてきましたが、その自立の内容をもう少し詳しく考えてみたいと思います。

自分の日々を自分の力で生きること、それが責任です。大人であれば当たり前のことですが、その力は大人になって急に発揮されるものではありません。子どもの時からそのようにされて育つものです。子どもの自立は、ある日突然にはやってきません。親が子どもの自立をめざし、子どもの成長に合わせて彼らの日々を彼ら自身に任せていく時、子どもの自立はやってきます。

子どもの「じりつ」には２つの意味があります。子どもがこの２つを学んだ時、本当の意味での「じりつ」が可能になります。１つ目の「じりつ」は、**自分で立つ自立**です。自立の基礎は基礎体力のようなもので、**持続的に何かをやり続けることのできる力**です。自立の種を植えてもらった子どもは、日々の生活の中でその力を開花させていきます。

もう一つの「じりつ」は、**自分を律する自律**です。これは、まさに**自分をコントロールする力**です。とくに思春期における子どもは、さまざまな新しい自分を模索していく時期にあります。この時期は、感情や思考、行動の面において、極端になったりはみ出したりしがちなので、親としてはハラハラドキドキです。そのような時に重要な力が自律なのです。

自分を律する自律とは、自分と向き合う作業です。ある瞬間自分と向き合い、善悪を考え、行動の先にある結果を予想します。自分の行動が周りに与える影響を考えられるようになった時、子どもは自分で立つ自立へと向かいます。

それでは、自分で立つ自立を促し、自分を律する自律を学ばせるために、親は子どもに何を教えればいいのでしょうか？

子どもに教えたいこと

自分には生きる価値がある

思春期の子どもにとって重要なことは、**自分に存在する価値があると意識していることと、居場所があることです**。思春期は、親と自分を切り離し、自分個人にその価値を見出し始める時期です。親と一つではないし、個人としての価値を確立できているわけでもありません。

ですから、**その空白を支えるものとして、これまで以上に自分をしっかりと受け止めてくれる居場所が必要**なのです。**存在価値に空白の時ができるのが思春期**であるといえます。**子どもが親から受け入れられ、必要とされ、求められること**です。求められるということは、自分には存在価値があるということです。

学校において、長期間にわたっていじめられたり、無視されたりするのは、まさに学校においては自分が存在する価値もなければ、居場所もないと感じさせられること

なのです。容易なことではありませんが、子どもの命を守るためにも、いじめのない学校や社会を作る必要があります。

もう一つ親として大切なことは、**人生には価値があること、自分には生きる価値があることをしっかりと教え、その体験ができる場をより多く持たせること**です。この**生きる価値を教えることによって、深刻ないじめなどにも立ち向かうことができます。**

いじめは、加害者と被害者という単純な構図では起こりません。加害者と被害者の気質や家庭環境、学校の環境、その時の状況など、さまざまな要素が重なり合って起こります。親は、子どもの気質等を考慮したうえで、子どもを支える家庭環境づくりに取り組む必要があります。

人生は自分次第である

私たちの言動に対して、世の中は必ず何らかの反応を返してくれます。私はツイッターというものをしませんが、これなどは自分のつぶやきに対してたくさんの反応が返ってくることもあるようですね。欲しいものに手を伸ばした時に、欲しいものを与えられる場合もあるし、与えられない場合もあります。勉強したら成績が上がる場合もあるし、思ったほど成績が伸びない場合もあります。

欲しいものに手を伸ばす時の伸ばし方も、テーマの一つです。**どんなやり方をするとうまくいくのか、何をやるとうまくいかないのか、子どもは自分で考え、自分の感覚で学んでいきます。その基本を体で理解している人は、自分の人生をより良いものにしようとすることに意欲を燃やします。**なぜなら、自分次第で良くなることを知っているからです。同時に、自分から働きかけなければ、何も起こらないこともよく知っています。

ところが、自分から働きかける機会を与えられなかった人は、人生が自分次第であることを学びません。**四六時中、親からのうるさい干渉にさらされると、自分で考えることを諦めます。**断言することはできませんが、特別なケースを除いて、十八歳を過ぎても親の付き添いを断らない子どもがいたら、もしかしたら子どもの自立を阻害していたのではないかと疑ってみる必要があります。もしかしたら、人生は自分次第であることを学んでいないのかもしれません。

周りと良い関係を持つために自分を表現する

自分自身とそれ以外の人、家族・友人・世の中の人々をつなぐのは、お互いの理解です。お互いに相手のことが分かって、初めて関係がつながります。その関係を良好にするのがコミュニケーションです。**さまざまな相手に対する働きかけがあって、周りとより良い関係を持つことができるのです。**すべては、自分を表現することから始まります。

子どもは言葉ではなく音で何かを求めることがあります。その場合、親なり周囲にいる大人は「何が欲しいの？」と言葉を使うことを求めます。子どもは、舌足らずながらも言葉で表現します。それは、子どもが片言(かたこと)を話し始めた時から始まります。ところが、毎日一緒にいる母親の場合は、音だけで子どもが何を求めているか分かってしまうので、あえて言葉にさせるという面倒なことをさせない。させなくても用が済むということが起こりうるわけです。言葉を使わない子どもの出来上がりです。言葉がなくても、アウンの呼吸で相手を感じ取るのは、大変重要な能力です。しかし、それに頼ってしまうと、子どもは話すことで自分を表現することを学べません。親子の間では良くても、一歩外に出れば言葉なしには意思疎通は図れないのです。

言葉は、我々人類に与えられた意思疎通のための最高の道具です。その道具をうまく使えるかどうかは、ひとえに育った環境でどのくらい表現することを求められたかによります。**子どもは、言葉を使わずに何かを要求したり、何かが気に入らないとぐずぐず泣き出したりすることがあります。そんな時は、必ず「どうして泣いているのか教えて」と、言葉を使うことを子どもに要求します。あえて言葉での説明を求めるのです。**

世の中と良好な関係を築くために、コミュニケーション能力を子どもの中に育てたいと思えば、察しのいい親ではない方がいいのかもしれません。察しが悪く、「どうしてなの？」「あなたの意見を聞かせて」などと言葉による説明を求めると、子どもは親を理解させようと言葉を駆使します。そして、子どもが話し始めたら、**話をさえぎらずに最後まで耳を傾けること**です。大きくなった子どもに対しても同じです。言葉での説明を求めることが大切です。

意識して自分で選択する

今の自分の人生は、自分が選択した結果であることを、どのくらいの人が認識しているでしょうか？　良いことが起こった時は、自分の努力が実ったと思います。ところが、好ましくない結果については、誰かのせいにしたくなるのが普通です。**私たちが手にしているのは、すべて私たちの選択の結果です。でも、誰かのせいにしたくなるのは、自分が意識して選んでいないからです。**

重要なことは、意識的な選択です。「自分が選んだ」と思えることです。**意識的に選択することによって、責任意識が生まれます。**責任意識とは、自分の選択に身を任せようとする行動です。子どもが幼い頃は、子ども自身に代わって親が選択をしますが、選択の訓練は幼い時から行うようにします。人間はおもしろいもので、どんなに幼くても自分の選んだものには責任を持とうとします。

どんなに幼くても、分別のできる子どもならば、自分で選んだ選択に責任をとろうと行動します。子どもが大きくなるにつれて、より重要な選択に子どもを参加させ、最終的には子どもにその選択を任せるようにします。それが何であれ、意識して選ぶことが大切です。そうすることで、子どもはその選択に責任がとれるのです。子どもには、なるべく物事を自分で選ぶ習慣をつけてやりたいものですね。

ある母親の息子は、中学校に入学して間もない頃、新しい環境に不適応を起こしていました。不適応を起こしたことにより、食欲が落ちてみるみる痩せていきました。そんな朝、息子は「今日は学校へ行きたくない」と言い出しました。そこで母親は、「あなたが学校に行くか行かないかを決めて、私が先生に何と連絡すればいいのかを言いなさい」と答えました。息子は、学校に行かないことを選び、「先生には体調を崩したと言って」と言いました。母親は、その通りにしました。そして、その日息子は楽しく一日を過ごしたようです。

翌日、息子は何事もなかったように元気に出かけました。**学校が辛いから行けないのではなく、何であれ「行かない」と選んだから行かないのです。「行かない」と選ぶことができれば、「行く」ことも選べます。**大きくなるにつれて、意識的な選択ができるようになります。**人生にとってよりよい選択ができるように、選ぶことを練習させてあげて下さい。そのためには、親自身が意識的な選択をしていることが重要です。**

異質なものを受け入れる力をつける

自分とは異質なものを受け入れる力というのは、人とのコミュニケーションを容易にする一つの大きな要素です。幼い頃は、自分のものの見方しか分かりません。子どもは、自分の視点をもっていないところから発達していきます。**成長していくにつれて、別の視点があることに気づき始めます。見方も考え方も感じ方も、さまざまにあるということが分かるのです。**最終的には、相手の視点に立って物事を見るというところまで自分を高めることができます。

多くの親御さんが、このことがよく分からず悩むことになります。大人になっていても、相手には相手の視点があるということを分かろうとしないことがあります。**親の気質と子どもの気質が全く違う時、親は子どもが理解できません。**親の気質が穏やかで、子どもがその反対に激しい気質だとします。子どもの気質が激しいと、時には周りから非難の対象になることがあります。本人は少しふざけただけなのに、相手は乱暴されたと思ってしまうようなことです。

こんな時に、親は激しい気質の子どもの行動が理解できないのです。親は、こうした激しい気質の子どもを責めて追い込んでしまいます。子どもは、責め続ける親を避けようとしますが、それが余計に親の神経を逆なですることになります。この逆の場合もありますね。親の気質が激しくて、子どもの気質が穏やかな場合です。**子どもに異質なものを受け入れるということを教える第一歩は、まず親が異質なものを受け入れることから始まります。**

異質なものを受け入れるというのは、自分と相手は考え方や感じ方が違っていることと、相手の考え方や感じ方を理解することができれば、ある程度相手の言動が理解できるということです。ただし、相手の言動を評価できない場合もあります。相手の気質から考えると、そうなるのは仕方がないと理解することです。人はそれぞれ違いまず。違いは違いであって、間違いではありません。親が身をもってその違いを受け入れていれば、どう付き合えばいいかを子どもが積み上げてくれます。

第2章 子どもの成長を支える自尊感情

1 低い日本の子どもの自尊感情

子どもの自殺が過去最高に

コロナ禍の影響が大きいと思われますが、文部科学省が調査した令和3年度における**小・中・高校生の自殺は、何と過去最高の425人**となりました。40人クラス10クラス以上の子どもたちが自らの命を絶ったのです。このような憂慮すべき事態に対して、学校として家庭として何ができるかを真剣に考え、その予防策を講じる必要があります。

日本の子どもたちの自尊感情は、他の先進国の子どもたちに比べかなり低いという調査結果が出ています。**このことが、若者の自殺、不登校、ひきこもりなどに影響している**と言われています。**私は、子どもたちの自尊感情を少しでも高めてあげることによって、子どもたちの未来がより輝くのではないかと考えています。**

どんな自分でも自分には価値がある

ここでいう自尊感情とは、〝どんな自分でも自分には価値があると思えること〟です。

つまり、**たとえどんなにみすぼらしくても、あるいは仕事で成功しなくても、誰からも愛されていなくても、自分を大切に思える気持ち**のことです。自分を認めるにあたって、なんら理由がなくても自分を受け入れていることをいいます。

自尊感情とよく似た言葉として、自己肯定感、プライド、うぬぼれなどがあります。

心理学用語の「セルフ・エスティーム」を訳した言葉が、「自尊感情」であったり「自己肯定感」であったりするので、表記は違っても自尊感情と自己肯定感は同じ意味であると考えてよいかと思います。ここでは、自分を大切にするという意味合いがより強いと思われる自尊感情を使うことにしました。

一方、自尊感情や自尊心と、プライドとは異なるものです。自尊感情は、誰が何と言おうと自分は尊い存在であると思っていますので安定しています。そのため、失敗してもすぐに回復するので、新しいことにどんどんチャレンジできます。自分の短所も認められるので、他人の短所も受け入れることができます。そのため、人間関係もうまくいきます。

ところが、プライドは、他人との比較によって保たれているので、自分の価値は安定していません。プライドばかり強い人は自分の短所を認められないので、それを他人から指摘されると落ち込んでしまったり、怒りをあらわにしたり、傲慢になったりします。そのため人間関係が崩れやすくなってしまいます。

また、うぬぼれは、現実の自分よりも高く評価してしまい得意になっている状態であり、これも自尊感情とは違うものです。

自尊感情を測定する「自己評価シート」

東京都教員研修センターが平成23年に作成した自尊感情測定尺度の「自己評価シート」というものがあります。それを基に私なりにより簡略化した質問表を用意してみました。20の質問に「はい」「いいえ」で答えることで、自身の自尊感情を知ることができます。

ア．私は今の自分に満足している（はい、いいえ）
イ．人の意見を素直に聞くことができる（はい、いいえ）
ウ．人と違っていても自分が正しいと思うことは主張できる（はい、いいえ）
エ．私は自分のことが好きである（はい、いいえ）
オ．私は人のために力を尽くしたい（はい、いいえ）
カ．自分の中には様々な可能性がある（はい、いいえ）
キ．私はほかの人の気持ちになることができる（はい、いいえ）
ク．私は自分の判断や行動を信じることができる（はい、いいえ）

ケ．私は自分という存在を大切に思える（はい、いいえ）
コ．私には自分のことを理解してくれる人がいる（はい、いいえ）
サ．私は自分の長所も短所もよく分かっている（はい、いいえ）
シ．いったん決めたことには責任をもって取り組む（はい、いいえ）
ス．私には誰にも負けないもの（こと）がある（はい、いいえ）
セ．自分にはよいところがある（はい、いいえ）
ソ．自分のことを見守ってくれる周りの人々に感謝している（はい、いいえ）
タ．私は、自分のことは自分で決めたいと思う（はい、いいえ）
チ．自分は誰かの役に立っていると思う（はい、いいえ）
ツ．私には自分のことを必要としてくれる人がいる（はい、いいえ）
テ．私は自分の個性を大切にしたい（はい、いいえ）
ト．私は人と同じくらい価値のある人間である（はい、いいえ）

いかがだったでしょうか。「いいえ」の数が半分の10以上であれば、自尊感情が低いということになります。

自尊感情が低いことで起こること

自尊感情が低いと、人からの評価が気になって自分の思うように行動できなかったり、気がつけば「自分の思い」よりも「他人がどう思うか」に重点を置きすぎたりしていることがあります。「我慢しなければいけない。頼ってはいけない。わがままを言ってはいけない」などの思いが心のどこかにあって、ストレスを溜めやすかったり、苦しんだりすることがあります。

自尊感情が低いということは、「自分ならやれる」という感覚が低いことでもあり、新しいことにチャレンジする気力も湧いてこないということです。自尊感情が低いことで、次のようなことでも悩みを抱える人がいます。

・自分が何か間違えているのではないかと感じ、心が落ち着かない。
・理不尽なことに対しても反論できないことがある。
・得体の知れない不安感が常にある。
・人から褒められたり愛されたりする価値がない気がする。

・感情の振れ幅が強く、疲れることが多い。
・なぜか分からないけど、気持ちが落ち着かない。
・人間関係でとても疲れる。
・「今のままでいいのかなあ?」と不安になる。

自尊感情が低いと、自分を傷つけることで自分を確認できる自傷行為、他人を傷つけることで他人よりも優位に立ち、自分を確認できる他傷行為につながることがあり、さらにその程度が激しくなると、生きていられないくらい自分の存在を認められないのが苦しくて、自分で命を絶つ行為につながることも考えられます。

(ただし、自尊感情が低いことに対して特に問題にしていない人もいます。このような人にとって、自尊感情が低いことをネガティブに捉えられることに違和感を覚えることがあるかもしれません。)

幼い時の両親からの影響

幼い頃に、虐待など両親から耐えられないような体験を受けていると、自分の存在を認められなくなるのは自然のことです。また、両親は愛情を持って育てていても、子どもの自尊感情が高くないケースもあります。テストで95点をとったとしても、「どうして１００点取れなかったの？」と言われたり、両親からもほとんど褒められたことがなかったりする人は少なくありません。両親には感謝しているけれど、心のどこかでは「自分はダメな人間なのかもしれない」という思いが無意識のうちに根付きます。

例えば、両親が自営業などで忙しすぎたり、子ども自身が病弱でお手伝いをした時に強く褒められることが続いたりした場合を考えてみて下さい。親を困らせるといけないので自然といい子にしていなければとか、自分のことは自分でしなければとか、頼ったらいけない、わがままを言ってはいけないなどと考える機会が多くなります。

そうなると、**「役に立たない自分は愛されない」という思いが無意識のうちに根付き、自分の思いよりも他人の思いを優先するようになり、生きていてどこか不自由な感じを持つようになります。**足りていない自分自身を常に意識することでもあります。自分自身のステップアップが感じられないと、当然自信が落ちてきます。

子どもの自尊感情を高めるために

子どもの健全な成長を支えるためには、子どもが自尊感情を持つことが必要です。親として子どもの自尊感情を高めてあげるためには何ができるのでしょうか。

第一歩として、親自身が健全な自尊感情を持って生きてほしいということです。親が自分自身を否定していたり、いびつなプライドにしがみついたりしているようでは、子どもが自尊感情を持てるはずがありません。

親自身が自分の親との関係性を省み、どういう影響を受けてきたか。もしそれが負の関係であったなら、自分が同じことをわが子にしていないか反省する必要があります。

したがって、子どもとの関係を考える前に、自分の親との関係を思い出して下さい。親が変われば、その姿は子どもにも何らかの影響を与えます。そういった過程を通さず、分かったような話を子どもにしたところで、「自分ができていないのに説教してくるウザい親」としか受け取ってもらえないでしょう。

以下にいくつかの方法を示しましたが、それらを子どもにアドバイスするとしたら、親自身が自分の問題に向き合い、苦しくても一歩を踏み出したうえでのことであることを忘れないでください。

なぜ自己否定するような価値観を持つようになったのか

自尊感情が低いということは、**「自分を認めてはいけない」「役に立たなければ愛されない」というような自己否定感につながる価値観**が心のどこかに根付いています。

自尊感情を高めるための１点目は、**「どうしてそういう(自己否定につながるような)価値観を持つようになったのかを考える」**ということです。**そうした価値観が根付くようになったのには、必ず理由があるはずです。そのプロセスを振り返ることで、自己否定感を持つ自分自身に納得がいくようになります。**

例えば、幼いころから「おまえは出来の悪い人間だ」と親から言われ続けてきたとします。子どもはマインドコントロールされたように、何となく「そうなのかなあ」とか、「自分はダメな人間なんだ」と思い込んでしまいます。

脳科学では、たえず他の子どもと比較されたり、ダメ人間と否定され続けたりすると、子どもの脳が萎縮（いしゅく）する「マルトリートメント」が起こり、子どもの健全な発達が阻害されると言われています。

胸の奥に閉じ込めていたものを引っ張り出す不安はあるものの、自分がどうして自己否定するような価値観を持つようになったのかを考え、その理由を分析することは、自尊感情を高める大切なきっかけになるものと思われます。

いま気になっていることをきっかけに、思い出されることや親との関わりを振り返っていくと、その理由が見えてくることがあります。

抑えすぎてしまった感情、その本当の気持ちを聞いてもらう

2点目は、**「その時に満たされなかった感情を発散・浄化させる」**ことです。

親がなかなか褒めてくれなかった時に自分自身が感じていた本当の気持ち、両親を助けることが多く、なかなか甘えられない状況が続いていた時の本当の気持ち、このような感情は、**感じていたけれども抑えざるを得なかった、出せなかった感情**です。

自尊感情を高めるためには、その時に抑えていた、出しにくかった気持ち、満たされなかった気持ちも見ていきます。**気づかないうちに感情を抑えすぎたり、ため込み過ぎたりしている状態というのは、その感情を受け入れられない、その感情を持っている自分を肯定できていないということでもあります。**

自分の本当の気持ちを言葉にしたり、信頼できる人に話して受け取ってもらったりすることで、その感情のガス抜きができ、その感情を抑えていた自分自身を肯定できる状態へと浄化ができます。その時に満たされなかった気持ちも、大人になってからでも満たしていくことができます。

このプロセスは、**本当に信頼できる人と一緒にやることが望ましい**と思われます。特に本当に辛かった気持ちというのは、誰かに分かってもらったり、受け止めてもらったりするだけで楽になります。一人だけでは、なかなか出しにくい、やりにくいプロセスです。

何げない長所を認め、自尊感情の変化に対応

自尊感情を高めることばかりに意識が向かいがちですが、自尊感情が低い状態から高い状態に変わるのも怖い時があります。たとえ自分自身が良くない状態でも、特に長年それが続いた状態だと、変わることは怖いものです。それでは、**どうしたらあまり抵抗なく自尊感情を高めることができるのでしょうか。以下に10のポイントを挙げました。**

1点目は、**「自分の長所を活かすこと」**です。ふだん何げなくうまくできていることを活用すると、「自分ってすごいなあ」などと、自分が価値ある存在であることに気づくことがあります。

例えば、自分から話すことが苦手で、そのことに引け目を感じていた人がいました。でも、その人は人の話を聞くのが上手で、「話を聞くことに重きを置いたらいいんだ」と気持ちを切り替えたら、人付き合いが楽になったそうです。そして、自分という存在をうまく活かせていることを実感できたということです。

嫌な人からはできるだけ距離を置く

２点目は、**「できるだけ自分を肯定できる環境に身を置くこと」**です。自尊感情が低いと、すべての人に気に入られたい、良好な人間関係が築けない自分自身を認められないという思いを持たれる人もいます。そういう思いがあるために、嫌な人に対しても無理して積極的に関わっていこうとします。

勉強や仕事がうまくいくようであれば、**すべての人から気に入られたり、すべての人とうまくやっていったりする必要はない**と思います。人と接していて苦しい時は、**嫌な人や罵声を浴びせる人などからできるだけ距離をとる、**接する回数をできるだけ減らすことは、自分自身を守るうえで、とても大切なことです。

褒められたら謙遜でなく「ありがとう」と受け止め

３点目は、**「自分を認めてくれる、褒めてくれる人やグループにできるだけ接する**

こと」です。人の言葉の力は大きいですね。「その服のセンスがいいなあ」などと褒められたり、認めてもらえる言葉かけをされたりした場合は、「いやいや、そんなことはないですよ」と否定するのではなく、「ありがとうございます」と素直に受け取ってみて下さい。自分が発する言葉が、自分に与える影響も大きいからです。

私たちは、誰かから褒められた時に、謙遜することで恥じらいを隠したりします。**もし誰かに褒められるような機会が訪れたら、「ありがとう」「うれしい」などと受け答えをして、その褒め言葉を受け取ってみて下さい。**褒めた方の気持ちが良くなるのはもちろん、皆さん自身の自尊感情も高まります。

「できません」より「…ならできます」に

4点目は、**「肯定的な言葉を使うようにすること」**です。特に自分自身が言われて不快に感じる言葉は、意識して不快に感じない言葉に変えて使ってみて下さい。肯定的な言葉は受け取ってもらいやすく、周りの人もそれを発する自分自身も心地よくしてくれる力があります。例えば、**「今日はできません」**を**「明日ならできます」に**、「寒さに弱い」を「寒さに繊細」に、「頑固である」を「意志が強い」に変えてみることです。

「～しかできない」を「ここまでやれるようになった」に

5点目は、**「できたことを意識する（過去の自分と比べる）こと」**です。人は、できているところのほうが気になるものです。「～しかできていない」とか「あれもこれもできていない」と捉えるのではなく、**過去の自分と比べて、「あの時と比べて、今はここまでやれている」**とか「これをプラスすれば、もっとよくなる」と捉えることもできます。**事実は同じでも、言葉を一つ変えるだけで自分も相手も感じ方が大きく変わります。**感じ方が変わると、その後の行動にもつながってきます。

日常で好きなこと、楽しいことを増やす

6点目は、**「自分自身が望むこと、したいこと、シンプルにやって楽しいことをや**

る回数を増やすこと」です。好きなこと、やっていて楽しいと感じることであれば何でも大丈夫です。特に日常で気楽にやれることが多ければ多いほどいいということになります。

好きな本やマンガを読む、好きな映画や動画を見る、好きな音楽を聴く、好きなゲームをするなどです。ただし、依存症にならないように気をつけます。自尊感情が低いと、自分のことよりも他人のことを重視して動く傾向が強いと言えます。他人を思いやるように、自分自身のことも大切にします。

「できたことノート」で自分の良い面や望みを発見

7点目は、**「小さなことでも自分を褒めること」**です。達成感が得られるのであれば、自分を褒めることには問題はありません。そこでやってみたいのが、「小さなことから自分を褒めてみること」です。自分を褒めると言っても、どうしたらよいか分からない人にお勧めなのが**「できたことノート」**です。

これは、その日できたことをノートに記録する方法で、**自分の肯定的な側面を発見**

したり、自分の本当の望みや価値観を明確にしたりするためにも役立ちます。記録する内容・手順は、以下の４ステップです。

①その日にできたことを具体的に書く（詳しい事実）
（例：今日は、いつもより友達とじっくり話ができたなあ）
②なぜできたのかを分析する（原因の分析）
（例：いつもより緊張しないでリラックスできたからだと思う）
③できた時の感情を率直に書く（本音の感情）
（例：いつもよりリラックスして話をしたら、友達も沢山話してくれて嬉しい）
④次の行動への意気込み・反省点を書く（次の行動）
（例：今度会ったら、もっとリラックスしていろんなことを話してみよう）

比較するなら他人でなく「過去の自分」に

８点目は、**「他人との比較を止めること」**です。自尊感情が低い人は、他人と比較して自分を批判するので、どんどん自尊感情が低くなっていきます。そのため、「他人との比較を止める」のは、自尊感情を高めるよりも低くしないために非常に重要になります。

とはいえ、急に止めろと言われても止められるのなら苦労はしません。そこで、比較を止めるのではなく、**比較する対象を他人から「過去の自分」に変えてみます。**そうすれば、**他人との比較を止められるだけでなく、自分の成長に気づいて達成感を得られる**ので、まさに一石二鳥といえます。

なぜか周りから褒められるといった経験はありませんか？

9点目は、**「自分にも強みがあることを意識すること」**です。自尊感情が低い人は、自分の価値をなかなか感じられませんが、どんな人にでもその人独自の「強み」が必ずあるはずです。そして、自分の強みとその活かし方さえ分かれば、徐々に自分にも価値を感じられるようになります。

しかし、自分で自分の強みに気づくのは容易ではありません。なぜなら、**強みとは「その人にとってできて当たり前のこと」**だからです。**なぜか周りから褒められるけ**

れど、自分ではピンとこないような経験があれば、そこに自分の強みのヒントがあるのかもしれません。そういったヒントを頼りに人に聞いてみて自己分析を行い、自分の強みのヒントがあるの強みを探してみます。

親切にする→「私は役に立っている人」の自尊感情

10点目は、**「人に親切にしてみること」**です。**誰かに優しくしたり、親切にしたりすることは自尊感情を高めることにつながります。**皆さんも誰かに親切にしたことがありますよね。その時、相手の人にどんな気持ちを感じたでしょうか。

自傷行為を繰り返している女性がいました。ある時、彼女は自分と同じような境遇の幼い子どもと接する機会を持ちました。どこか自分に似たその子をかわいがることで、自分の行動に変化が出てきました。**誰かに親切にするようにしていると、やがて「私は誰かに親切にする人」「私は誰かの役に立っている人」というようなセルフイメージを持つように**なります。

そして、それは他の人から感謝されることで、独りよがりではない、とてもバランスのよいセルフイメージとなり、自尊感情を高めることにつながります。セルフイメージを高めることは、自尊感情を高めることだけでなく、勉強や恋愛、仕事などにも効果があると言われています。

子どもの意欲を引き出すアプローチ

以上のように親が自己と向き合い、子どもとの関係性を見直すと、子どもには何らかの変化が現れるはずです。ただその過程で、親が従来通りのパターンで、否定的な言葉で質問したり、相手を責めるような物言いをしたりしてしまうと、せっかく芽生えかけた自尊感情がしおれてしまうということになりかねません。子どもから自発的に意欲を引き出し、継続的に自尊感情を育てられるようにするための具体的なアプローチを以下に紹介します。いずれも簡単そうですが、多くの人が日常の生活でできていないことであり、いつも心の片隅にとどめておきたいことばかりです。

相手の言いたいことを聴き「そうなんだ」と受け止める

子どもの意欲を引き出すためにまず必要なのは、傾聴と受容です。

「傾聴」とは、自分の聴きたいことを聴くのではなく、相手の言いたいことを聴くことです。そして、子どもが話すことを「良い」とか「悪い」とかで評価しないことが大切です。

「受容」は賛同ではありません。「そうなんだ」**「そう思ったんだね」「そう感じるんだね」**「そんなことがあったんだね」「そうしたいんだね」など、「～なんだね」と、～にキーワードを入れていきます。

「あなたがいて嬉しい」「よく頑張ったねえ」

子どもの意欲を引き出すうえで、次に大切なのは存在承認と結果承認です。

「存在承認」とは、そこにいることだけで嬉しく感じたり、有難く感じたりすることです。例えば、**「あなたがいて嬉しいなあ」**「あなたがいるから楽しいなあ」「あなたがいるから頑張れるなあ」**「あなたがいてくれて助かったよ」**などです。

「結果承認」とは、**相手が頑張った結果を認めてあげる**ことです。例えば、「よく頑張ったねえ」「早くできたねえ」「あなたと話ができて楽しかったなあ」「あなたが手伝ってくれたから助かったよ」などです。

質問で子どもの可能性を開く

子どもへのアプローチにおいて重視していただきたいのは、子どもへの質問です。質問のあり方を変えるだけで、子どもの可能性を引き出したり、反対に子どものやる気を失わせたりすることになります。

なぜ質問が大事かというと、子どもに質問することで、子どもの意識がそこに向かうからです。つまり質問が変わることで、子どもの思考や行動、結果も変わってくるのです。子どもには、**まずは「建設的な質問」をするよう心がけましょう。**

建設的な質問を心がける

建設的な質問とは相手の持ち味を引き出すもので、例えば**「あなたの強みは何だと思う？」「あなたの魅力は何だと思う？」**などといったものです。子どもは建設的な質問をされると、**「自分のことを気にかけている」**「自分と一緒に考えようとしてくれている」「何だか意欲が出てくる」などの意識を持つようになり、心が前向きになります。

では反対に避けるべき「建設的でない質問」とはどういうものでしょうか。それは例えば、「なぜできないの？」「なぜこんなことになったの？」「どうしてあなたはだめなんだろう？」「どうして私の言うことがわからないの？」などです。いずれも「あなたは～」となっています。子どもに建設的でない質問をすると、子どもは何か責められているような意識を持って尻込みしてしまうことが多いものです。

未来と現在をつなぐ質問「GROWモデル」

建設的な質問のあり方をさらに考えてみましょう。子どもの成長を考えるうえでは、**未来に向けてどうありたいかを尋ねる「未来と現在をつなぐ質問」が大切**です。谷益美氏の著書『リーダーのためのコーチングスキル』（すばる舎、2017）に、効果的な質問の特徴を端的に表した**GROWモデル**（P61－P69）について説明されています。このモデルは、子どもの教育や子育てなどにも十分役立つモデルであると思われますのでご紹介いたします。

GOAL（目標）、REALITY（現状）、RESOURCE（資源）、OPTIONS（選択肢）、WILL（意志）の5つです。

①目標（願望）をたずねる質問（GOAL）

現在の状態から未来につなげる質問です。例えば、**「どうなりたいのかなあ？」**「どんなことをしてみたい？」「理想の状態はどんな状態？」「どうなったら嬉しいかなあ？」「どんな時が楽しい？」「3カ月後の目標は？」などです。

②現状を尋ねる質問（REALITY）

未来につなげるために現状を確認する質問です。例えば、**「今はどんな状態？」**「今はどんな気持ちなの？」「今一番の気がかりは？」「今はどこまでできている？」「今はどんな準備をしているの？」「目標に対して今は何％ぐらいできているのかなあ？」などです。

③資源を引き出す質問（RESOURCE）

未来につなげるために、今ある資源（子どもの知識や能力）を確認する質問です。例えば、**「どんな情報があるといい？」**「知りたいことはどんなことかな？」などです。

④選択肢を編み出す質問（OPTIONS）

視野を広めて、未来への展望を拡げるための質問です。例えば、「どうすればできるかなあ？」「何をすると達成できる？」**「他に方法はある？」**「他にできることはあるかな？」「何か変えられるものはあるかなあ？」などです。

⑤意志の確認をする質問（WILL）

本人にどれくらいやろうとする意志があるかを確認し、その意志を意識化する質問です。例えば、「何からやろうかなあ？」「いつからやろうかなあ？」「何時になったらできるかなあ？」**「何時なったらゲームを止められそう？」**などです。

「やる気をなくす言葉」から「やる気を引き出す言葉」へ

「建設的な質問」と「GROWモデル」という2点を考慮して、日常子どもたちにかけている言葉や質問、文句といったものを、どう言い方を変えたらよいか、以下に実例を挙げてみたいと思います。聞いていることは同じでも、言い換えただけでぐっとやる気が出るのは、大人でも同じであることを実感してほしいと思います。

①「なぜ？」（Why）の質問から「何？」（What）の質問へ

・**「なぜできなかったの？」⇓「うまくいかなかった理由は何だと思う？」**

・「なぜ遅刻したの？」⇓「何があったの？」

・「なぜそんなことをしたの？」⇓「何を思ってそうしたの？」

・「なぜやろうとしないの？」⇓「何からだったらできるかなあ？」

②「後ろ向きな質問（否定質問）」から「前向きな質問（肯定質問）」へ

・「どうしてできないの？」⇓「どうすればできるかなあ？」

・「勉強しなかったらどうなると思う?」 ⇓ 「勉強したらどんないいことがあると思う?」

・「できなかったらどうする?」 ⇓ 「これができたら、次はどうする?」

・「このままでいいと思っているの?」 ⇓ 「どうなりたいと思っているの?」

③「否定的な表現」から「肯定的な表現」へ

・「あなたは本当に気が小さいのね」 ⇓ 「あなたは気が小さいというより慎重なんだね」

・「くよくよしないで。落ち込んでいる暇なんてないでしょ!」 ⇓ 「反省しているんだね。次はどうするのかなあ?」

・「今回良かったからといって、あまり調子にのらないでね」 ⇓ 「だんだん調子が上がってきたね。この調子で頑張ろうね」

④「限定質問」から「拡大質問」へ

・「ちゃんと準備はできたか?」 ⇓ 「今、どこまでできているのかな?」

・「ちゃんと頑張っている?」 ⇓ 「今日は、どんなところに力を入れたの?」

・「やる気はあるの?」 ⇓ 「あなたのがんばり度は何点ぐらいだと思う?」

・「本当にできるの？」⇒「確実にやりとげるためにはどうしたらいい？」

⑤**「欠点の指摘」から「成果の指摘」へ**

・**「国語はいいけど、数学をもっと頑張らないとね」⇒「国語、よくがんばっているねえ。ちゃんとやれる力があるんだよねえ」**

・「惜しいねえ。もう少し努力が足りなかったねえ」⇒「ここの部分はよくできたねえ。さらに注意をするともっといい結果がでるよ」

⑥**「否定」から「受容」へ**

・「そうじゃないでしょう」⇒「なるほど、そう思ったんだね」

・**「そんな考えでは世間に通用しないと思う」⇒「なるほど、あなたはそう考えるんだねえ」**

⑦**「心配」から「信頼」へ**

・**「大丈夫？　できる？」⇒「あなたならきっとできると思う」**

・「間に合わないんじゃないの？」⇒「きっと時間通りにできるよね」

・「どこに行ってたの？　心配したなあ」⇒「帰ってくるとは思っていたけど、顔を見たら安心したなあ」

良いコミュニケーションのためのツボ

質問が大事ということはお分かりいただけたと思いますが、日常生活での会話は多種多様です。どんな場面でどんな物言いをしがちか、それをどう工夫するとより良い関係性を築けるか、いくつかの例を示します。

１「否定形」は「肯定形」に

・「いいか、高めのボールに手を出すなよ」⇓「いいか、低めのボールを狙うんだぞ」（手を出すなと否定形で言うと、ついつい手を出してしまう）

・「散らかさないでね」⇓「きれいにしておこうね」

・「忘れないようにね」⇓「準備して持っていこうね」

・「遅れないようにね」⇓「始まる時間には座っていようね」

２ Ｙｏｕ（あなた）メッセージよりもＩ（わたし）メッセージを使う

・「（あなたは）最後までよくがんばったね！　すごいね！」⇓「最後までやり通したなんて、（私は）感動したよ」

・「自分から進んでお手伝いをするなんて、（あなたは）良い子だねえ」⇒「○○さんが手伝ってくれて、（私は）本当に助かったなあ」

・「（あなたは）言った通りにできたねえ。えらいねえ！」⇒「約束を守ってくれて、（私は）嬉しかったなあ」

これは、親の側が自分の生の感情を伝える方が相手に強くアピールでき、意欲を引き出すうえで有効だからです。

3 できているところから会話を始める

・子どもから「お母さん、○○が分からない。これ何なの？」と聞かれた場合、「あなた、そんなことも分からないの」などあきれたように応答しがちですが、それでは子どもは心を閉ざし、やる気も失ってしまいます。「どこまで分かっているの」と聞くと、子ども自身も自分の理解度を確認できます。

4 「ダブル否定」を「肯定表現」に変える

・「ちゃんと食べないと、大きくなれないよ」⇒「しっかり食べたら、もっと大きくなれるよ」

・「もっと勉強しないと合格できないよ」⇒「もっと勉強すれば、きっと合格でき

るよ」

5　どんな時にも「受容」してもらえる安心感が大事

・「何でも話していいよ」と親が言うので、「こんなことを話したら親に叱られるかと思ったけど、ちゃんと話を聞いてくれて嬉しかった」と安心感が得られた話があります。

・「いつでも相談に来い」と親に言われたので、遠慮しないで相談に行ったら、「そんなことは自分で考えろ」と叱られ、「もう二度と親になんか相談しない」とへそを曲げた話があります。

6　叱る時、伝える時は、I（私は）メッセージで

・「どうして～ができないの?」という答えのない否定質問や、「早く～しなさい」「そんなことはやめなさい」という命令形、「だから、あなたはダメなのよ」などと否定する言葉は極力使わない。

・親の言うことを聞かない子どもに、「どうしてあなたはお母さんの言うことを聞かないの?」と言ったところ、「聞きたくないから」と答えたそうです。ここから不毛の言い争いが始まりました。ある時、母親が「どうしたらお母さんの言う

ことを聞いてくれるのかなあ?」と子どもに話しかけたところ、「お母さん、もう少し俺の話も聞いてくれないか」という返事が返ってきて、初めて自分にも改善すべき点があったことに気づかれたようです。

第３章 子どもの自尊感情を奪う「いじめ」

1 現代のいじめの特徴

生きる気力さえ奪う「いじめ」

子どもの自尊感情を考えるうえで、とりわけ重視しなくてはいけないのが「いじめ」の問題です。学校において長期間にわたっていじめられたり無視されたりするのは、まさに自分が存在する価値もなければ、居場所もないと感じさせられることなのです。

したがって、**被害者の自尊感情を急激に低下させ、生きる気力さえ奪ってしまうほど、いじめの問題は深刻なものです。**いじめは、単に加害者と被害者という単純な構図では起こりません。加害者と被害者の気質や家庭環境、学校の環境、その時の状況など、さまざまな要素が重なり合って起こります。その複雑さに対応するためには、対策も多岐にわたります。

私は、長い間不登校やいじめの問題に関わってきましたが、いつも強い憤りを感じてきました。人の心を踏みにじるようなひどいことをしたいじめの加害者が、どうして何ごともなかったかのように、平気な顔をして学校生活を送っているのでしょうか？　どうしていじめの被害者が不登校になったり、ウツや統合失調症のような重い病気になったりして、それと向き合わなければならないのでしょうか？

いつもこうした矛盾と葛藤に悩まされ、沸々(ふつふつ)と怒りがこみ上げてくるのです。

長らく公立中学校や公立高校に勤めてきた私にとっては、本書は学校の教員向けの内容になるはずでした。しかし、10年以上にわたって不登校と向き合う親の学習会のアドバイザーや公立高校のスクールカウンセラーを務める中で、保護者の視点に立って子どもの成長・発達を支援する方策を提示したいと考えるようになりました。

これまでいじめの問題やいじめを苦にした子どもたちの自殺などが報じられるたびに、学校や教育委員会の対応が非難されてきました。教員だった私には頭の痛い話でありますが、多忙を極める学校現場の実情の中で、こうした問題に真剣に向き合い、日々研鑽を重ねている学校や教員がたくさんいることもまた事実です。

「いじめ」はもはや国家の非常事態

平成23（２０１１）年10月11日、滋賀県大津市の中学2年生が、いじめを苦に自宅マンションの14階から飛び降り自殺した大変痛ましい事件が起こりました（大津市中2いじめ自殺事件）。生前、その少年は、「死んだスズメバチを口に入れろと強要される」、「毎日自殺の練習をさせられる」などのいじめを受けていたことが分かりました。この少年が自殺した時、大津市教育委員会としては、「いじめと自殺の因果関係は判断できない」と弁明していました。「いじめ」はあったかもしれないが、その「いじめと自殺の関係」、つまり「いじめが原因で自殺した」とは認めなかったのです。

しかし、少年が自殺した直後に行われた校内アンケートで、多くの生徒らによっていじめの実態が明らかにされ、その報告がなされると、その結果をもとに学校側はいじめの事実を認め、発表しました。大津市教育委員会は、少年の自殺の陰にあったいじめとの関係を隠していたことになります。このことは、生徒や保護者、そして学校関係者を含む多くの人たちに大きな衝撃を与えました。

学校や教育委員会の隠ぺい体質が糾弾されると、このような問題に対する首長の在り方が議論され、全国で首長の権限を強化した新たな教育委員会制度が発足し、いじめ問題への取り組みが見直されました。そして全国の学校では、いじめ対応について新たな対応が求められるようになったのです。

しかし、この事件の後も、いじめが原因で子どもたちが自ら命を絶つ事態が続いています。これはまさに国レベルの「非常事態」と言えます。子どもたちの命を守り育む場である学校で、決してこのようなことを繰り返してはならないのです。この事態は、学校関係者に対して「自分たちを厳しく見直すこと」「保護者はもちろんのこと、学校を支えてくれる多くの人たちとより連携を強めること」を呼びかけているのではないでしょうか。

現代のいじめの分かりにくい特徴３つ

　では、どうしてこんな悲惨な結果になるまで誰も気づかないのでしょうか？　そこに、現代のいじめの分かりにくい３つの特徴があると言えます。

　皆さんは、いじめ問題をどのように捉えているでしょうか。単なる加害者と被害者の問題と捉えられがちですが、実際にはさまざまな要因が絡まっていることが多く、なかなか簡単に解決できる問題ではありません。

見えない所で巧妙に、発見難しい

　現代のいじめの１つ目の特徴は、「発見が難しい」ことです。その理由として、以下の４点が考えられます。

①先生のいない所で行われることです。登下校時間、先生がいない休み時間や放課後、あるいはスマホのＳＮＳの悪用など、先生の目の届かない所でいじめが行われる

ため、先生もなかなか気づきません。

②**複数で巧妙に行われる**ことです。子どもたちが連携して巧妙にいじめが行われた場合は、先生もほとんどお手上げです。その事実はなかなか先生にまで伝わりません。クラスの中でいじめがある場合、次のような構造が生まれます。直接的にいじめをする子どもたち。それを見て喜んだりはやし立てたりする子どもたち。いじめを見て見ぬふりをする子どもたち。かわいそうにと思いながら黙っている子どもたち。全く気づいていない子どもたちなどです。この場合、全く気づいていない子どもたち以外は、みんないじめられていた事実を知っていたことになります。それでも先生に報告されることはあまりないということです。

③**友だち関係からいじめ関係に変わる**ことです。少し前まではじゃれ合っていたような友だち同士が、ちょっとしたことから険悪な関係になってしまうというケースです。それまで仲良しだっただけに、簡単には修復できなくなってしまうようです。ウソをつかれた、裏切られたなど、大人なら「そこまで大きな問題にしなくても」と思うようなことでも、子どもにとってはショックが大きかったりするものです。**先生には、「もともと二人は仲のいい友だち同士」という先入観がありますから、「ささいな**

イザコザやケンカ」としか見えないのです。そのため、いじめが行われているとは想像もつかないわけです。

④**いじめられている本人がそのことを訴えない**ことです。大津の事件はもちろんのこと、全国で起こっているいじめ事件のほとんどの場合がこのケースです。なぜ訴えないのか、訴えられないのかは、いじめられている本人にしか分かりません。しばしば耳にするのは、「よくも先生に言いつけたな！」と仕返しされるのが怖かったから言えなかったというパターンです。

いじめる子の罪悪感が乏しい

現代のいじめの２つ目の特徴は、「いじめをする子どもの罪悪感がとても乏しい」ことです。悪いことをしているという罪の意識が全く見られないケースもあります。いじめられている子どもが相当なダメージを受けて、学校に来られない状態にまで追い込まれていても、**いじめる子どもたちは学校で平然としている場合が多い**のです。いじめられた子どもが学校に来られなくなっているのに、なぜいじめる子どもは罪の意識を感じずにいるのでしょうか？

その理由は大きく2つ考えられます。

一つは、**「みんながやっているんだから、自分だけが悪いわけじゃない」という集団心理が働いている**ことです。直接いじめをしていた子どもたちの言い分には、「いじめたオレたちも、はやし立てていたやつらも、見て見ぬふりをしたやつらも、みんな同じだろ」と言い張ります。「なんで自分たちだけが悪いんだ！」と開き直ります。

「たいしたことない」からかいを延々と受ける

次に、**自分のしたことは「たいしたことではないはず」というのが彼らの言い分**です。自分で行ったいじめ行為をその程度にしか考えていないということです。「確かにあいつは皆からいじめられているけど、オレがしたのはちょっとちょっかいを出しただけ。それもほんの数分」「みんなやっている。たいしたことをしているわけではない。からかっただけ。それも、ずーっとやっていたわけじゃない。なんでオレばかりが悪いって言われるの？」など、何とも身勝手な言い逃れです。

朝から晩まで一人の子どもがいじめ続けるケースは、ほとんどありません。いじめる子どもは入れ代わり立ち代わり現れ、それぞれがいじめ行為を行うのです。そのようにして**延々と続くいじめを受けることがどれほど辛いものであるか、**いじめられる立場に立って考えることができるなら、簡単に分かることです。しかし、自分たちの行為が、「学校に行きたくなる」「完全に不登校になる」「病気になる」などという結果になることをほとんど考えていません。中には、「なんで不登校にならないんだ！」などと、本人に面と向かって言い放す不届き者もいます。

いじめを受けている子どもがいます。そこに次々といじめる子どもがやってきます。ある子は、「バカ、死ね！」と1日に数回ののしります。ある子は、1日に何回もわざとぶつかっては脅します。ある子は、1日数回、何の理由もなしに蹴ってきます。蹴られた子どもが痛そうに顔をしかめると、薄ら笑いを浮かべて行ってしまいます。ある子は、1日に何回も叩いてきます。もちろん正当な理由などありません。

こんなことが毎日続きます。それでもいじめる子どもの一人ひとりは、「自分はたいしたことはやっていない」「ちょっとふざけてやった」「からかってやっただけ」「ちょっとうっぷん晴らしでやった」などというくらいの認識しかありません。「ちょっとふざけて…」とか「うっぷん晴らし」などでいじめるのです。

何人もが一人の子を…、いじめの全体像を認識させる

ここが現代のいじめの最も恐ろしいところです。そこで、いじめの具体的事実、つまり**「いじめたあなたたちは、たった一人の子にこんなことをしたのだ」という事柄を一つ一つ示して、何人もがたった一人の子に行っていたこと、いじめの全体像を認識させる必要があります。**もちろん、いじめを受けた子の気持ち、その時々の有様を理解させるためです。自分がいじめられる側の人間だったら、どんな気持ちになるかについて、時間をかけて考えさせる必要があります。

止まらないいじめで、不登校、病気、そして…

現代のいじめの3つ目の特徴は、「悲惨な結果になりやすい」ことです。いじめの加害者一人ひとりは、「自分は大したことはやっていない」「ふざけてやった」「から

かってやった」「ちょっとしたうっぷん晴らし」くらいにしか思っていませんから、いじめが止まることはありません。**誰一人、「もうこんなことやめよう！」とは言いません。**

そうしたいじめは毎日続きます。たった一人のいじめられっ子は、何人もの子どもたちから、前述のようないじめを受け続けるのです。当然のように、「学校に行きたくなくなる」「完全に不登校になる」「病気になる」、そして**最悪の事態にまで追い詰められることもある**のです。

なぜ先生や親に相談しないのか？

でも、ここで疑問に思うお父さん、お母さんも少なくないと思います。そこまでされているのに、なぜ先生や親に相談しないのだろうかと思われるでしょうね。先生に「チクリ」をしたと言われ、いじめがさらにひどくなることを恐れたからでしょうか？

昔、自分もいじめられた経験があるというお父さんやお母さんには、分かるのではないでしょうか。実際にいじめられていた経験のある子どもに聴いてみると、２つの大きな理由がありました。1つ目は、**「親に心配をかけたくない」**ということでした。自分がいじめられていることを親が知ったら心配するに違いない、だから言えなかったのです。意外と思われるかもしれませんが、現代の子どもたちはこれほどまでに親に気を遣って生きているのです。

2つ目は、**「自分がいじめられていることを人に知られたくないから」**ということでした。これが一番大きな理由でした。「いじめられているのは情けないやつ」、彼らの多くはそう思ってしまっているのです。そして、自分はそう思われたくないので、誰にも言えなかったのです。でも、**多くの子どもたちは、本当は自分がいじめられていることを友達の誰かに告発してほしいと思っています。それが無理なら、せめて大人たちにも気づいてほしいとも思っています。**

いじめを早期発見するために

いじめられていると言えるなら問題は簡単

わが子が学校でいじめにあっていないか、もしいじめにあっているとしたら、どうしたらいいのか、親としては心配の種が尽きませんね。ますます深刻となる学校でのいじめの問題は、現代の子育て中の親が抱える最も大きな心配事であり、悩みでもあります。

いじめられている子どもの心のつぶやきとしては、「自分がいじめられていることを、友だちの誰かが先生に言ってくれないだろうか。それが無理なら、せめて大人たちに気づいてほしい」などがあります。心の中ではそのように思っているはずですが、自分ではなかなかストレートに口に出して言うことができません。そのために、いじめの事実がなかなか親に伝わらないのです。**いじめられている事実を自分で言えるく**

らいなら、問題はそう難しくならないかもしれません。

それでも、**直接言葉に出して相談できない代わりに、子どもたちは「いじめられている」というサインを出し続けているのです。**それでは、そのようなサインに気づいてあげられるのはいったい誰でしょうか？　もちろん、いじめが学校の中で行われているのですから、まず先生が発見すべきですし、そうありたいと願っています。

したがって、それぞれの学校では、いじめを少しでも早く発見するために、いじめ対応の見直しを厳しく行い、先生たちのための勉強会を開いていたりします。しかし、現状では、いじめの発見は教師任せ、学校任せでは難しいことも事実なのです。そこで、家庭における親の力が必要になってくるのです。

わが子がいじめられていることに親がまず気づいてあげて

親にしかできなくて、親にぜひやっていただきたいと思うことがあります。それは、子どもたちの発するサインに気づいてあげることです。**もし、わが子がいじめを受けているとしたら、周囲の大人たちの中で、親が最初に気づいてあげられる存在になっ**

てほしいのです。しかし、教育のプロである教師さえ発見できないのに、親に気づけなんて無理なことを言っているような気もします。

どうやってわが子がいじめられているかを発見すればいいのか、確かに難しい問題かもしれません。でも、子どものいじめのサインは、学校でも家でも出しているはずなのです。学校で出しているサインは、当然教師が気づくべきでしょうが、家で出しているサインは、親など周囲の大人にしか気づくことができないことを理解してほしいのです。わが子を世界で一番愛している親の目こそ、その感覚こそ一番確かなものであると思われるからです。

「いじめ発見チェックシート」の活用を

子どもがいじめられているかどうかを発見できる観点、見る視点をまとめた「いじめ発見チェックシート」というものがあります。これは、今までにいくつもあった辛く悲しい事件が教訓となって、その分析から生み出された大切な目の付けどころのポイントをまとめたものです。文科省や都道府県教委が作成したチェックリストを参考にして、筆者がシンプルな形に直したものです。絶対的なものではありませんが、このようなチェックリストがあると、子どものサインをより把握しやすくなります。

「いじめ発見チェックシート」

ア．登校時に頭痛や腹痛などの体の不調を訴え、登校を渋るようになる
イ．理由のはっきりしない衣服の汚れや破れが見られることがある
ウ．理由のはっきりしないアザやキズ（殴られたり蹴られたと思われる跡）がある
エ．持ち物（学用品や所持品）がなくなったり、壊されたりしている
オ．今までより外出を避けるようになる
カ．部屋に閉じこもりがちになる
キ．家族との会話が減ったり、学校の話題を意図的に避けたりする
ク．いじめの話をすると激しいほどに強く否定する
ケ．仲の良かった友達との交流が減り、その友達からの電話にも出たがらない
コ．お金の使い方が荒くなり、無断で持ち出すようになる

以上、ここに挙げた10の観点のうち、４つ以上あてはまれば、子どもに注意が必要と考えて下さい。お子さんがいじめを受けている可能性が高いと考えられます。

それぞれの項目について、具体的に説明をしたいと思います。

まずアですが、学校でいじめられている子どもは、自分の存在が否定されることになりますから、当然のことながら自尊感情が低下し、学校に行きたくない気持ちが高まってきます。悪い仲間にいじめられたり、乱暴されたりすることが怖くて学校に行きたくない、行けないという子どもは少なくありません。いじめと不登校が密接な関係にあるのは当然のことと言えます。

親の目にはっきり分かる変化

イ、ウ、エについては、親の目で見れば、はっきり分かる変化です。衣服がひどく汚れたり破れたり、手足のあちこちにアザやキズが見られるなどしたら、ぜひ「どうしたの?」と聞いてみて下さい。親が納得できるような明らかな理由を言えたらいいのですが、聞いてもはっきり言わなかったり、どうにも納得できないような理由だったりするのであれば注意が必要です。

オ、カ、キ、クは、家庭生活に見られる変化です。たとえ勉強が苦手な子どもであっても、友だちと一緒に遊べる学校は、基本的に楽しいところのはずです。そんな学校のことを話したがらないキとクが同時に見られたら、これも要注意です。

ケは友だち関係の変化です。友だちからの電話に出たがらないのは、何か特別な理由があるはずです。もちろん仲の良かったその子がいじめているとは限りません。いつも悪いグループに囲まれているため、その子に近づけなくなってしまったのかもしれません。コについても、気をつけて見守りましょう。良くない友達やグループから金銭をたかられている可能性があります。

「おかしいな?　何か変だぞ?」「もしかしたらいじめを受けているのかも?」と感じたら、まず本人に話を聴くことになりますが、子どもの話を聴く時に気をつけることや対応の仕方については後述いたします。子どもは、親には知られたくない、心配をかけたくないという気持ちがあるため、なかなか口に出して親に話すことができない苦しい状況がある一方で、早く気づいてほしいという淡い期待もあるのです。

子どもを救うために、いざという時は立ち上がる

「わが子がいじめられていることが分かった時、親として立ち上がることは当然である」と考えている親御さんもいれば、躊躇（ちゅうちょ）する方もいらっしゃると思います。昔の学校の対応ぶりを見聞きしていて、いじめ発覚と同時にいきなり教育委員会に訴えたり、弁護士に掛け合う方もいます。反対にどうしてよいか分からず、ただ無駄に時間を過ごし事態を悪化させる場合もあります。いずれも、いじめ解決のうえでは問題があるといえます。**子どもへのいじめが分かった場合、親はどういう順番でどういう対応をとるべきかを知っておく必要があります。**

そのためには、まず現在の学校、教育委員会がどういう体制や方針でいじめ問題に向き合っているかを知ってほしいのです。

新しくなった教育委員会制度

まず平成28（2016）年を境に、教育委員会の制度が変わったということです。「大津市中2いじめ自殺事件」では、学校と共に教育委員会が適切な対応がとれなかったことがマスコミでも大きく取り上げられ、教育委員会の在り方を問い直す機運が高まりました。こうした中で、**教育委員会制度の見直し**が行われ、平成28年に、教育長の権限により、首長の任命責任や、教育行政における第一義的な責任者が教育長であることを明確にした新しい教育委員会制度を定めた法律が施行されました。制度見直しの議論の中で、**いじめ問題など緊急性を要する問題では教育委員会に任せるのではなく、首長が責任をもって対応できるように、その権限を強化する**方向が打ち出されました。

全国で起きた今までの事件では、親が学校や教育委員会とうまく連携できなかったという報告がほとんどでした。しかし、学校と教育委員会が癒着している、あるいはどちらにも隠ぺい体質があるなどと指摘され、新しい教育委員会制度が成立しましたので、以前とは違って積極的に情報を公開し、**親が相談しやすい体制に変わりつつあります。**したがって、親と教育委員会が連携しやすくなっていますので、積極的に相談していただければと思います。

いじめに打ち勝つためにどうあるべきか

ここであらためて、いじめに打ち勝つためには、親、学校、教育委員会はどうあるべきか、筆者の考えを明確にしておきたいと思います。

①いじめが原因で自殺する子どもをなくす努力

いじめに悩み、いじめに怯(おび)える子どもを持つ親には、いじめを解決するための、いじめに打ち勝つための具体的な方法を考え、行動してほしいと思います。そして、学校や教育委員会とうまく力を合わせることができなくなった場合の行動の仕方についても考えてみる必要があります。そのような状況に陥ってしまった時、わが子をどうやって守っていくべきかを考えます。何よりも、**いじめが原因で子どもが自殺することは絶対に避けなければなりません。**親も学校もそのことを第一に考え、努力を重ねていきたいものです。

② 親と一緒に学校も変わることが必要である

親の行動の仕方を提案することは、同時に学校はどのようなことに気をつけなければならないかを間接的に提言していることでもあります。立場の違いはあれ、今まで以上に**保護者の皆さんと学校が連携しなければ、子どもを守ることができない**のではないでしょうか。そのためには、親と一緒に学校も変わらなければなりません。

学校と保護者はいじめ防止のため連携を

③ どの学校もいじめ問題に取り組んでいる

平成25（2013）年に「いじめ防止対策推進法」が成立しましたが、この法律のポイントは3つあります。1点目は、「学校がいじめの通報を受けたり、いじめに気づいたりした時には、速やかに自治体に報告する義務があること」です。2点目は、「子どもが深刻な被害を受けるような重大な事態が起きた場合には、専門機関を設けて調査にあたること」です。3点目は、「国、自治体、学校がそれぞれいじめ防止に取り組む基本方針を策定すること」です。

これを受けて国がまとめた基本方針では、**「学校がいじめをないものとしない」**という認識が示されました。その背景には、学校の意識改革が必要であるという考え方があります。学校も保護者の皆さんも、今まで以上に変わることが求められています。

第4章 いじめを解決するために

いじめが判明、素早い「初期対応」が重要

わが子がいじめを受けていると判明した場合、その対応のステップは大きく2つあります。第1ステップは「初期対応」です。第2ステップは「危機的対応」です。**いじめ問題への対応は、この「初期対応」がとても重要になります。**なぜかというと、初動の在り方がその後を大きく左右するからです。火事を例にあげると、初期消火がいい加減だと大火事になることがあります。多くの財産を失い、最悪の場合は、尊い人命も失ってしまいます。同じような意味で、初期対応が重要だということです。

また、いじめが発見された時には、すでにかなりのいじめを受けていることがあります。いじめられた子どもは、精神的にも大きなダメージを受けているはずです。それにもかかわらず、いじめている子どもが、そのことを認め、反省し、謝罪するまでに相当の時間がかかるのです。

素早い初期対応を行い、とにかくいじめをストップさせなければなりません。対応が遅れれば生命にかかわります。

初期対応がうまくいかなかったら、すぐ危機的対応に切り替えて対応しなければならないということです。したがって、いじめへの対応では初期対応に全力を尽くすことが一番重要になります。**初期対応とは、わが子への対応、学校への対応、教育委員会への対応です。わが子への対応と学校への対応は、ほぼ同時に行います。なお、学校への対応がうまくいかない場合は、教育委員会への対応にシフトします。**

初期対応① わが子への対応

つらかった気持ちを受け止め、事実関係を聞く

わが子への対応では、**事実関係の聞き取り、自尊感情（自己肯定感）の回復、学校復帰を急がず条件整備**の3つが必要です。

まず**「事実関係の聞き取り」ですが、時間をかけてリラックスした状況を作ることに心がけます。**大切なことは、親に心配をかけたくないと思っている子どもの気持ち、いじめられていることを他人に知られたくないと思っている気持ちを尊重することです。いじめを受けた子どもは、精神的にかなりのダメージを受けています。質問攻めにするような聞き方は避けなければなりません。子どもが一番心を開くことができる人が聞いてあげること、とにかく話しやすい雰囲気を作ってあげることが大切です。

本人がどうしても登校したいとの思いが強い場合は別ですが、この段階で無理に登校させる必要はありません。**子どもの辛かった気持ちをじっくり受け止めて、事実関係を聞いてあげて下さい。決して誘導尋問みたいにならないように気をつけて下さい。**ここでの聞き取りが、学校などへの対応の際に必要になります。**聞き取りは、必ず年月日と時間を記入し、記録を残して下さい。**

親にとってかけがえのない存在だと伝える

次は、**「自尊感情（自己肯定感）を回復させること」**です。いじめを受け、相当なダメージを受けている子どもの心を癒してあげなければなりません。いじめられた子どもは、「自分は、他人からいじめを受けるような人間」「いじめを受けるような価値のない人間」という**誤った自己認識**を持っている場合が少なくありません。すっかり元気をなくし、自信を失っています。

わが子に対して、「いじめをする方が人間として間違っている」「いじめる方が悪いのだ」と言ってあげて下さい。いじめられた側は、被害者であって、何も悪くないこ

とをしっかり伝えます。いじめられていいような人間など決して存在しません。**わが子が、自分たち（親）にとってどれだけかけがえのない存在であるか、温かく、熱く語ってあげて下さい。**時間はかかるかもしれませんが、わが子を世界で一番愛している親の愛が必要な時なのです。

先生と相談し、いじめを防ぐ仲間、風土、仕組みを作る

次は、**「学校復帰を急がず条件整備に努力する」**ですが、学校復帰には2つの大前提と3つの条件整備が必要です。大前提の一つは、**いじめの解消**です。いじめが続いている状態で学校復帰などできません。いじめている子どもの反省と謝罪が行われることが望ましいのです。もう一つは、**担任の先生との連携を確立すること**です。子どもが最も頼りにするのは先生方です。先生方が守ってくれるという安心感が必要です。

その上で、3つの条件整備が必要です。1つ目は、**「仲間をつくってあげること」**です。「仲間」とは、いじめられた子どもに寄り添い、励まし、守ってあげようとする友だちです。2、3人は欲しいところですね。先生方は、一日中いじめられている

子どもについているわけにはいきません。もし、いじめが再発しそうな時は、すぐ先生に報告してくれる「仲間」でもあります。この仲間を作ることを先生方にお願いして下さい。

２つ目は、**「風土づくり」**です。**学級の中に「いじめは絶対にダメだ」「いじめを見たらやめさせよう」という空気、雰囲気のような「風土」が生まれていることが大切です。**そのことも先生方にお願いして下さい。

３つ目は、**「危機的対応の仕組みを作る」**ことです。いじめは、いったん解決しても再発しないとは限りません。**いじめが再発しないように見守ったり、再発を事前にキャッチしたりする仕組みを作ること**です。例えば、「一定期間、他の先生方が担任の先生と一緒に教室に入り観察する」とか、「いじめられた子どもが帰宅する前に、５分間でも面談して様子を聞く」といった仕組みを作ることです。

仕組みですから、先生方には一定期間必ず行われるように体制を整えていただく必要があります。このことも先生方にお願いして下さい。先生方もこの条件整備に一定期間かかると思われます。すぐにできるものではありません。**先生方と相談して、条件が整ったと思えたら学校への復帰になります。**心配であれば、親も何日か子どもと一緒に登校し、別室で控えていることも必要かと思います。学校を休んでいる間であっても、自尊感情（自己肯定感）を回復させる働きかけは続けて下さい。もし元気になってきたら、本人が希望するなら学習に取り組ませることもいいかと思います。

〈ポイント整理〉

1　事実関係の聞き取り

リラックスした状況を作る。質問攻めにするような聞き方は避ける。安心して話すことができる雰囲気づくりに心がける。

2　自尊感情（自己肯定感）の回復

いじめられた側は、被害者であって何も悪くないこと、決して自分を責めないこと、親の深い愛情をしっかり伝える。

3　学校復帰のための条件整備

○大　前　提：①いじめの解消　②担当の先生方との連携づくり

○条件整備：①仲間を作ってあげること　②学級の中に「いじめは絶対にダメ」という雰囲気づくり（風土づくり）　③危機的対応の仕組みを整え、

再発防止も重視する。

初期対応② 学校への対応

わが子への対応とほぼ同時に行う学校への初期対応は、第1段階として、**担任の先生方（学年主任、生徒指導担当の先生も含む）への対応**、第2段階として、**校長先生（管理職）への対応**です。

担任に状況を伝え、調査を依頼。学年主任にも

第1段階ですが、**子どもから聞いたことを、担任の先生に、電話もしくは直接会って状況を伝える必要があります。**速やかに対応をしていただくためです。

「うちの子がいじめられているようですが、本当でしょうか。調べていただけませんか」と、調査を依頼します。加えて、**「子どもが学校に行きたくないと言っていますので、自宅で話を聞くために休ませたいと思います」とも伝えます。**また、その時

点で分かっている範囲で、**子どもから聞いたいじめの状況も伝えます。**この時大切なことは、**学年主任の先生、生徒指導主事の先生にも連絡することを申し添える**ことです。

なぜ担任の先生だけでなく、学年主任や生徒指導主事の先生にも連絡する必要があるかというと、次のような教訓があるからです。担任の先生が、親からの訴えを重く受け止めてすぐに対応する場合と、大したことはないと判断して、すぐに対応しない場合があり、後者の場合、対応が後手後手にまわり、悲惨な事態を生んだ事例が全国的にたくさんありました。また、学校が親の訴えを学校全体の問題として受け止め、組織的にすぐ対応する場合と、担当者が抱え込んでしまい、他の先生に相談しないで対応が遅れてしまった場合もあったからです。

朝、学校に連絡・相談すれば、普通は放課後か遅くとも次の日までには何らかの連絡があるはずです。学校がしっかり対応してくれる場合は、相談しながら協力して対応にあたります。1日も早く、わが子が元通り元気に学校に通えるように、いじめ問題の解決をお願いしたいものです。しかし、現代のいじめ問題は一筋縄ではいきません。解決に至るまでには多くの時間がかかることも覚悟する必要があります。とにかく、**先生方と協力して、学校と連携して対応することが解決への一番の近道です。**

しかし、担任の先生方とうまく連携できない場合もあります。そんな時は、次のステップに進むことになります。

それで駄目なら管理職に連絡し、両親で訪問・相談を

学校への対応の**第2段階は、校長先生（管理職）への連絡・相談**であると申し上げましたが、担任に相談してうまくいかない場合、**親が校長を飛び越えて教育委員会に連絡してしまうことがあります。**教育委員会は学校を管理・監督する組織なので、そうするのでしょうね。しかし、**それはあまり良い結果を生まない場合が多い**ようです。その理由は2つあります。1つ目は、教育委員会は状況がよく分からないので、学校に連絡し、状況を把握してからでないと、何の対応もできないということです。ですから、対応が後手に回ってしまいます。

2つ目は、学校長を飛び越えて教育委員会に行くと、学校は自分たちを信頼してもらえていないと受け止め、その後の関係がギクシャクしてしまうこともあるということ

とです。学校と親が連携する関係を作り、対応することが解決への一番の近道なのです。ですから**担任の先生方とうまく連携できなかった場合は、管理職に連絡し相談することがよい**かと思います。校長先生でも副校長先生でも教頭先生でもかまいません。でも、事態が深刻な場合は校長先生がよいと思います。

この場合、**予約の電話を一本入れて、学校を訪問してお話をします。**普通はすぐに対応して下さるはずです。忙しかったり、別のスケジュールが入っていたりした場合、すぐに会えないこともあるかもしれません。その時は、「子どもがいじめられているかもしれないのです。緊急事態なので、ぜひ直接お会いしてお話がしたいのです」と伝えて下さい。たいていは、近日中に対応して下さると思います。

学校を訪問する場合は、**ご両親そろってとか、信頼できる第三者、できれば肉親か親戚が同席していただいて訪問するのがよい**と思います。なぜなら、学校はやはり敷居が高い場所です。気後れして十分にわが子の状況を伝えられないことのないようにすることが必要です。ましてや、担任の先生方とうまく連携できなくて校長先生に会いに行くのです。親の考えをしっかり伝える態勢を整えることが必要です。

親からこのような訴えが校長先生に行われた場合、学校は可能な限りの事実確認を行い、緊急会議が開催されます。そして、いじめの可能性があると判断されれば、組織的に対応するためのプロジェクトチームが編成され、対応がスタートします。スタートしなくても対応の方向性は示されるはずです。学校と連携して解決に向かいます。もし校長先生（管理職）に訴えても、誠意のある納得できる対応がなされない場合は、次の対応として教育委員会への連絡・相談になります。

〈ポイント整理〉

○第１段階

担当の先生に電話か直接会って状況を伝え、素早く対応をしていただくように依頼する。その時に、学年主任、生徒指導主事の先生にも連絡する。

○第２段階

校長先生（管理職）への連絡・相談。予約の電話を一本入れて、学校を訪問して話す。両親そろってか、信頼できる第三者（できれば肉親か親戚）も同席して訪問する。

初期対応③

教育委員会への対応

経緯を紙にまとめ、関係者複数で訪問する

校長先生（管理職）に連絡・相談して、何度か協議しても学校の対応が納得できない場合は、教育委員会への対応を行うことになります。その場合、**まず連絡・相談するのは学校教育を担当している「指導主事」という役職の方が一番よい**と思います。よほど深刻な場合は、学校教育部門の責任者である課長、部長、教育長という場合もあるでしょう。（ただしこの場合、教育委員会に相談したいとの旨を必ず校長先生に伝えてください）

事態はここまで深刻化しているので、できれば直接訪問して相談するのがよいと思います。教育委員会は学校より敷居が高いかもしれませんね。校長先生に相談した時のように、**信頼できる関係者複数で訪問する**のがよいでしょう。親がしっかり話がで

きる態勢を整えて下さい。事実関係をお伝えするために、**今までの経過を紙にまとめておいて**下さい。

時間経過にそって、わが子からの聞き取り、担任・学年主任・生徒指導担当の先生への連絡・相談の状況、校長先生（管理職）への連絡・相談の状況と、**順を追って丁寧に説明する**必要があります。そして、**「学校の対応のどこが納得できないか」「どのように対応してほしいのか」について、具体的にお伝え**して下さい。そのうえで、学校を指導していただくようお願いするのです。

親はできるだけ冷静に対応を

教育委員会は、すぐ学校と連絡をとり、可能な限りの事実確認を行い、学校に指導・助言を行います。親も教育委員会と連携して解決に向かうことになると思います。親は、誰しもわが子がいじめられていることを知ると冷静ではいられなくなります。問題を早く解決しようと、ついつい感情的になってしまいます。そのような気持ちは十分理解できますが、**より迅速に解決するためには、できるだけ冷静に対応することが**

大切かと思われます。

これまで順番に説明してきたことは、結局のところ目的は同じなのです。つまり、担当の先生方、学校と連携して解決に向かう関係を速やかに作るということです。子どもに直接関わっている親と担当の先生方、学校が協力して解決に向かえる体制を整えるということです。そのために、教育委員会の力をお借りするのです。

〈ポイント整理〉

○初期対応の最後

教育委員会への対応。事実関係を伝えるために、今までの経過を紙にまとめておく。信頼できる関係者複数で訪問するのがよい。教育委員会が動かない時はどうしたらいいか聞いてみる。

危機的対応①

弁護士への依頼

費用面がクリアできれば弁護士への依頼が一番

いじめが全国的な問題になり、教育委員会制度が見直され、各学校でのいじめの対応の見直しが行われている現在、初期対応に全力を尽くし、学校と連携することができれば、ほとんどのいじめ問題は解決に向かうと思われます。

しかし、初期対応を迅速に行っても解決の見通しが持てない場合があります。それは加害者と被害者とに直接関わることができる担当の先生方、学校との連携がうまくいかないということであり、まさに危機的とも言える事態なのです。このような場合には危機的対応を取らなければなりません。

危機的対応とは、子どもの人権、生命を守ることに力を貸してくれる、学校以外の方々、関係機関の力を総動員して対応に当たることです。**弁護士、警察、児童相談所**

など へ依頼し、一緒に解決に当たるということです。（この場合も、学校に弁護士などへの依頼を考えていることを必ず伝えてください）

前述の「大津市中2いじめ自殺事件」の場合も、最後は弁護士を頼りに裁判を起こしたことがきっかけで、報道でも大きく取り上げられるようになりました。

弁護士に依頼すると、次のような支援をしていただけます。

①依頼者の話をじっくり聞いてもらえる
②これからどうするのがよいのかアドバイスをしてもらえる
③依頼者の代理人となって相手と交渉してもらえる
④必要な場合は裁判を起こしてもらえる

しかし、弁護士への依頼には大きな問題もあります。それは、費用がかなりかかるという問題です。費用の問題をクリアできるなら、弁護士への依頼をお勧めします。

教育委員会に勤務していた友人の話を聞いたことがありますが、いじめや暴力などを繰り返す子どもがいて、被害者を守り、加害者にこれ以上問題を起こさせないために、児童相談所や警察に相談したが、なかなか動いてくれなかったということです。教育委員会としてお願いしてもそうでしたので、ましてや個人での相談はもっと厳しいものだったかもしれません。

現在は、大津市の事件以来、いじめ問題が社会的に大きく取り上げられるようになったので、関係機関も動いてくれるようになったと言われます。**弁護士が一緒だと関係機関の対応も大きく違う**とも言われます。費用の面がクリアできるのなら、まず弁護士に依頼することが危機的対応の第一です。

危機的対応② 関係機関への依頼

大きな権限持った警察と児童相談所に相談する

すべての人が弁護士に依頼できるわけではありません。その場合は、関係機関にお願いするしかありません。関係機関では、まず警察と児童相談所があげられます。

警察も児童相談所も、他に対応しなければならない事件や問題が多すぎて、以前はいじめ対応には消極的であったと言われています。職員の数も足りなかったようです。しかし、いじめが全国的な問題になって以来、積極的に対応してくれるようになったとのことです。

警察では「生活安全課」の他に、**都道府県警察署にいじめ相談窓口として「少年相談窓口」**も設置しています。近くの警察署に相談して、すぐ動いて下さることが多いと思います。インターネットで、「都道府県警察の少年相談窓口」で検索すると電話番号などが分かります。

以前の児童相談所では、虐待への対応などが遅く、子どもの命を救えなかったとして、かなりの批判を受けたことがありました。現在は、虐待などの問題が深刻になり、現場は大変な心労を抱えていることが報道されることがあります。緊急の場合は別ですが、電話で相談する方法、電話で予約をとって直接訪問して相談する方法がありま す。**できるだけ児童相談所に訪問して相談されることをお勧めします。**

石川県では、

金沢市児童相談所（こども相談センター）（金沢市富樫3丁目10－1教育プラザ内、電話076－243－4158、虐待通報は076－243－8348、対象区域は金沢市）

石川県中央児童相談所（金沢市本多町３－１－10　電話０７６－２２３－９５５３、対象区域は、かほく市・白山市・野々市市・津幡町・内灘町）

石川県南加賀保健福祉センター（小松市園町ヌ48　電話０７６１－22－０７９２、対象区域は、小松市・加賀市・能美市・川北町）

石川県七尾児童相談所（七尾市古府町そ８　電話０７６７－53－０８１１、対象区域は、七尾市・羽咋市・輪島市・珠洲市・能登町・穴水町・志賀町・宝達志水町・中能登町）

石川県能登北部保健福祉センター（輪島市鳳至町畠田１０２－４　電話０７６８－22－４１４９、対象区域は、輪島市・珠洲市・穴水町・能登町）

また、児童相談所相談専用ダイヤル（０１２０－１８９－７８３）もあります。

いじめは「心と体への暴力」であり、「心への虐待」でもあるのです。警察や児童相談所に力を貸してもらわなければなりません。**警察や児童相談所は大きな権限を持っています。この２つの機関に動いてもらうと、危機的状況を脱するうえで大きな力になるのは間違いありません。**

なお、スマホ等によるネットトラブルの対応につきましては、各都道府県教育委員会のホームページを開きますと、詳述してあります。

その他、電話での相談窓口もあります。

①法務局・地方法務局「子ども人権110番」0120−007−110（全国共通）

②「24時間子供SOSダイヤル」0120−0−78310（フリーダイヤル）

〈ポイント整理〉

○弁護士への依頼

アドバイスをしてもらえる。代理人となって相手と交渉してもらう。必要な場合は裁判を起こしてもらえる。ただし、多額の費用がかかる。

○警察署への相談

近くの警察署に相談しても、すぐに動いてくれない時は、都道府県警察署の「少年相談窓口」に相談する。

○児童相談所への相談

電話か直接訪問して相談する。いじめは、「心と体への暴力」であり、「心への虐待」でもあることを心得ておく。

第5章　親として大事なこと

本章は、不登校の対応のことではなく、子育てに関する私の見解です。

世の中の変化が激しく、価値観も多様化する中で、誰が子育てをしても、なかなか難しい時代といえますが、子育てにあたってぜひ参考にしていただきたいことがあります。異論のある方もおられることを承知のうえで、私なりの思いを述べたいと思いますので、参考にしていただけたら幸いです。

1　罪悪感を手放す

今どきの子育ては罪悪感にあふれていないでしょうか？　現代は生き方が多様であ

り、どう生きるのも自由であり、その選択がすべて私たちに任されている時代です。そんな時代を敏感に感じ取っている親たちは、自分の子どもが少しでもいい人生を選べるように、少しでも安定した生活ができるようにと、無意識に自分や子どもを追い立てます。いいところの基準が、成績の良さや偏差値であったり、あるいはスポーツであったりします。

親としては、思い通りのことが起こらないと、子どもの努力が足りないからだと子どもを責めたり、自分の育て方が悪いからだと自分を責めたりします。**子どもをそのように育てられていないことに罪悪感を抱え込むのです。**罪悪感を抱いていると、子どもを責めるだけではいかなくなります。時には子どもに申し訳ないという気持ちから、必要以上に子どもをかまいます。物を与えたり、甘やかしたり、機嫌をとったり、これらのすべては、子どもの自立を妨げることはあっても、それを促すことはできません。親の抱く罪悪感は、子どもの自立には何の役にも立たないと思います。

子どもが勉強しないことに悩んでいる親がいます。**子どもが勉強をしないのは子ども自身の問題であるにもかかわらず、すべて親であったり、子どもに関わる人を責めたりします。こうした感情にとらわれている間は、問題の本質が見えてきません。**子どもが勉強しないのは子どもの問題であり、その子どもの問題を受け入れるからこそ、支援者としてその問題の解決に力を貸すことができるのです。とはいえ、ほとんどの親は、本人はもちろんのこと、親自身の問題でもあると捉えてしまいます。

罪悪感にとらわれている親は、子どもと自分を切り離すことができず、問題を大きくしてしまいます。このような親は、子どもが学校などで先生に注意されたりすると、まるで自分が注意されたかのように捉えてしまうことがあります。すでに持っている罪悪感が刺激され、自分の子どもをかばおうとするわけです。親は子どものために闘っているように思っていますが、実は自分の罪悪感が自分を闘いに駆り立てていることに気づいていないのです。親と学校が対立することによって、子どもが傷ついていることにも気づかないのです。

どうか皆さん、**罪悪感から解放されませんか。**生き方が多様だからこそ、選択がすべて私たちに任されているからこそ、**子どもをどうするかという問題以前に、私たちの考えをシンプルにして、何が大切かを見極めることが大切**です。子育てに対して責任を持つことは大切ですが、**どんな人が子育てをしても全てが順調にいくということはあり得ない、うまくいかないのが普通だと、心を軽くしていただきたい**のです。

生活が豊かになって、豊かになりすぎて、私たちも社会も本来の生き方を忘れかけているのかもしれません。この時代、誰が生きても、誰が子育てをしても難しい時代といえるかもしれません。自分を責めてはいけません。ましてや、思い通りにならない子どもを責めてはいけません。

2　子どもがいてくれることに感謝する

命を落とそうとする子どもたちがいます。私は、そのようなお子さんの相談にも乗っておりますが、子どもはネガティブな思考からなかなか抜け出すことができません。こんな時、**「生まれてきてくれてありがとう」**「笑ってくれてありがとう」「悪態をついてくれてありがとう」「あなたのすべてにありがとう」と思うことがあります。それ以上、何を望むことがあるでしょうか？　しかし、現実はどうでしょうか。ダメ出しばかりをしていることはないでしょうか。

子どもの実力をはるかに超える期待をかけて、子どもを特別な存在に仕立てあげようとすることがありますね。一方で、子どもに勉強などを強要した覚えもなければ、特別な存在に仕立てあげようとした記憶もないのに、いつのまにか立派な大人に成長する子どもがいます。不思議なものですねえ。もし敢えて子どもに特別であってほしいなら、子どもの中に潜んでいる力を引き出してあげることです。**やらせようとするのではなく、最高の応援団になって見守ってあげませんか。**

親が子どもの持てる力を引き出し、子どもを自立させるための支援者であろうとすれば、親子の信頼関係が不可欠です。子どもが親を信頼していないと、親は子どもの支援者になることは難しいといえます。**子どもからすでに得ている愛に応え、子どもの存在に感謝し、子どもの発する言葉に注意を払って、子どもに忠実に接して**みてはいかがでしょうか。そう言う私はどうだったのかというと、反省しきりです。**子どもだからといって、いい加減な対応をするのではなく、子どもの言葉に耳を傾けることです。**それだけで、子どもから信頼を得られるはずです。

そんな時間や余裕などがないと言われる親もいるかもしれませんが、時間や余裕の問題ではありません。密度の問題です。もちろん、本当に忙しくて子どもに関わっている時間がない親もいます。しかし、時間がないと言う人ほど、子どもに何かを押しつけて抵抗され、そのやりとりで時間を無駄にしたり、心身を消耗したりしていることが多いのかもしれません。

親の子どもに対する感謝が信頼を生み、信頼が親への尊敬になって返ってきます。この相互関係、信頼関係が、子どもの防護壁となって子どもを守るものの一つになっていきます。

3　自分と子どもを信頼する

本来、子どもはあるがままに生きて、それなりに楽しい人生を築き上げていきます。もし、**何かを不安に思う気持ちがあるのなら、それは私たち親自身の不安です。その不安を子どもに負わせて、子どもを何とかしようとしているのかもしれない**ですね。子どもの力を引き出すことを少し意識するだけで、子どもは持てる力をどんどん発揮するものです。自分と子どもを信頼すれば、子育てほど私たちの人生において実り豊かな体験はないはずです。子育てを通して、私たち親は自分が育つことのできる機会が与えられます。子育てをする人に対するご褒美となります。

高校や大学を受験する子どもが勉強しないという相談があります。**今年希望してい**

る大学に合格しなかったら、次年度その希望校を再受験するか（浪人）、今年入れる大学に入るかのどちらかです。ただし、浪人するのを支える経済力がないなど、**親の側に問題がある場合は、子どもに事実を伝えて、子どもが何を選ぶか任せる**のはいかがでしょうか。浪人できない状況だと、希望の大学にどうしても入りたいとなれば、黙っていても子どもは勉強せざるをえません。

子どもを信頼していない親は、何かにつけて子どもに心配を向け、過剰な不安で子どもを押しつぶしてしまいます。私たち親は、子どもを何とかしようとして、かえって子どもの意欲や力に蓋をしていることはないでしょうか。人はさまざまな可能性と力を持っています。私たち親にできることは、とりもなおさず親自身が自分を信頼することから始まります。子どもは、親の信頼に応えようとしています。

4　自分を語り、今を見せる（自己開示）

難しいことかもしれませんが、**親が子どもに何かを教えたり、子どもを動機づけたりするやり方の一つは、親が自分を語ること**です。「私には何も語ることがない」と言われる人がいるかもしれませんが、親が自分を語ることが、子どもには大変有効な情報なのです。親自身が自分に関して気づきや夢を語る時、自分の仕事を語る時、子どもは興味深くそれを受け取ろうとします。

すべての親が、希望通りの理想の仕事についているわけではありません。**本当はどんな仕事がしたかったのか、どうしてそれを諦め、今の仕事に就いたのか、そんなことを語って聞かせます。**理想の経歴ではなく、親が生きている生の姿を素直に語るのです。すべての親が、素晴らしい感動的な話をしてあげられるわけではありません。自分を語るということは、立派な話ではなく、親が今生きている人生を語ることです。

心の不安定な思春期に、子どもはさまざまな試練にさらされます。そんな時に**本当に役に立つものは、親や先生といった大人との心の架け橋です。その架け橋は、大人の方が子どもに向かって架けていく必要があります。**自分を語ることは、相手の心を引き付けます。その瞬間、空白の時を生きる子どもの心を、大人の方にぐっと引き寄せることができます。その繰り返しが、子どもの安定へと導くのです。

親として、とりわけ思春期の子どもを育てる時期は、語るものがない、見せるものがない、自信がないなどと言っている時ではないのです。子どもにより多くを求めるかわりに、私たちは自分に求めるべきです。そうした時、子どもはその姿を見て、それが生きることだと学びます。その時こそ、私たちは子どもの心を引き寄せることができるのです。

5　子どもと向き合う

友人の娘さんのことを心配して、ある人がこんな話をしてくれました。高校生の娘さんは、落ち着いて家にいることができず、しょっちゅう外泊を繰り返すそうです。母親の心配の一つは、外泊先が男性のところではないかということでした。「どうして外泊するのか」とか「どこに泊まっているのか」などと聞くと、娘は逆ギレし、余計に帰宅しなくなるとのことでした。娘さんが逆ギレしたり、暴れたり、ますます帰宅しなくなることを恐れて、母親は当たらず触らずにいるとのことです。

子どもを、あるいは子どもの言動を恐れて、より悪くなるのを避けるために**子どもと向き合わずにいることは、事態を悪くこそすれ、何もよい結果を生み出すことはない**でしょう。親が妥協して子どもの機嫌を取り始めたら、親は子どもを導くことができなくなります。親の見て見ぬふりは、子どもに対する遠慮なのかもしれませんが、子どもに対する関心がないというサインにもなります。不適切な行動には、親は断固として行動を起こすことが大切です。

親が子どもに向き合わない理由の一つは、向き合えばそこに見えるのが親自身の問題だからです。子どもの痛みに向き合うのは、そのまま自分の痛みに向き合うことになるからです。

とはいうものの、親が子どもから家庭内暴力を受けている場合は、なかなか向き合うことが難しいこともあります。自分を守ることも大切です。他人ではなく、お腹を痛めたわが子ですと、なかなか警察の力を借りるということも躊躇(ちゅうちょ)してしまいますが、大けがなどをしてしまうと、親も子どもも心に大きな傷跡を残すことになりますので、我慢にも限界があります。逃げたり、警察などの力を借りたりする方法も考える必要があります。一時の勇気は、多くを解決する場合もあります。その一瞬が怖くて向き合うことを次に回すと問題に利子がついて、より大きな問題になって返ってきます。

どのようにして子どもに向き合えばいいのか分からない時は、**同じような経験をし**

た人に相談するとか、同じ悩みを持つ親の学習会などに参加して、そこに自分の居場所を見つけたり、いろいろな体験談を聞いたり、経験者からいろいろなアドバイスをもらったりする方法もあります。とにかく一人で悩み続けないで、また抱え込まないで、勇気を出して信頼できる人に相談していただければ幸いです。

6　子どものモデルになる

子どもは、親が思うように育ちません。私たち親は、子どもにとってのモデルです。中には、親が余りにも酷（ひど）かったので、そういうやり方だけはしたくないと、親の反対をする場合もあるでしょう。親は、子どもの反面教師でもあるのです。それも悪くないように思いますが、危険性も潜んでいます。親の反対をやろうとする時、常に親のやった酷いことを意識しなくてはならないのです。

男の子のモデルは父親ですが、経済の高度成長期以降における大きな問題の一つは、モデルとなる父親が、自営業などは別ですが、子どもの目に触れるところにいなかったことです。子どもが寝る頃になっても、父親はまだ帰ってこないのが当たり前になっていました。週末はといえば、それでも働き続ける父親、あるいは弱々しく疲れ果てている父親。**父親が不在であることの問題**は何でしょうか。それは、母親が不在の父親にかわってその存在感を作り得なかったときに起こります。**母親が、妻として夫の不在中に不満を抱いていたら**どうなるでしょうか？

その思いをコントロールできない母親は、いつも一緒にいる**子どもを相手に、いかに父親がいけない存在であるかを売り込みます。**こういう状況で育った子どもは、母親と同一化し、自分までが父親を批判する側に回ってしまいます。母性に包まれ、愛されて育っても、そこにはモデルとするべき父親の姿はありません。ないどころか、モデルとするべきものが否定されているのです。**男の子はモデルを失います。**

一方、これとは反対に、父親が不在気味であっても「お父さんが仕事をしてくれるおかげでね」「お父さんに聞いてからね」「お父さんに相談してみようね」などと、**母親が父親の存在感を売り込み、お父さんは大事な人だと印象づけた場合は、子どもたちは目の前に父親がいなくてもその存在を感じて育ちます。**しかも、その存在は大きくて、決定を下す力があることを感じて育ちます。

どんなぐうたら亭主でも売り込むのかと言われると返す言葉は見つかりませんが、**母親は、自分の作る畏れ多き父親像に助けられて男の子をコントロールし、正しく振**

る舞うことを教えるのです。同時に男の子は、不在の父をモデルにして、自分のあるべき姿を模索することができるのです。

女の子のモデルは母親です。女の子は、母親に幸せなイメージを探します。人間として、あるいは女として、**母親が幸せである時、娘は自分の未来像をそこに重ねます。**とくに思春期においては、親から離れようとしながらも、自分の未来像を模索していますから、自分がモデルとするものが不幸であることに腹を立てるかもしれません。娘の自立を援助するという意味においても、父親は母親を幸せにしておくのが一番の近道といえるでしょう。

ただし、**母親の幸せのカギを握るのは母親自身**なのかもしれません。夫にできることといえば、「妻とコミュニケーションをとる」「妻の幸せを援助する」ことぐらいです。**家庭の中だけにとどまらず、十分に社会と交わり、自分を磨く**ことをお勧めします。子育てで縛られる時間が、人生のすべてではありません。その後の方が長い人生が続きます。一人の人として充実した人生を望むなら、夫や子どもに頼ることもありかと思いますが、自分なりの生き方を模索してみてはいかがでしょうか。

7　親子関係を適切にとらえる

親子関係は鏡のようなものです。親が子どもの鏡になることで、子どもは自分を見つめ、生き方を学んでいきます。

母親Aさんには中学生と小学生の娘がいます。Aさんは、**娘たちへの接し方を模索**していました。とくに娘たちとの関係が悪いわけではありませんが、より良い接し方があるのではないか、自分が娘たちの可能性の芽を摘んでいるのではないかという思いがありました。

Aさんの母親はたいへん心配性な人で、結婚して大きな子どもがいるAさんに対して、何かにつけて心配し、干渉してきます。Aさんは、母親からの定期的な電話をうとましく思い、その思いから解放されたいと望んでいました。どうして母親はあんなに心配するのだろうか、そして**母親からの干渉の網から逃れる方法はないだろうか**と考えていました。分かったことは、今さら母親を変えることはできないということでした。Aさんが出した結論は、**Aさん自身がどう変われるかを考え、自分から母親に**

アプローチすることでした。

長い間うとましい干渉から逃れようとしていたので、Ａさんから母親に電話をすることはありませんでした。でも、そのやり方を変えることにしたのです。**母親に電話をして安心させ、心配してくれることに感謝の気持ちを伝えることにした**のです。遠ざけていたものに自分から飛び込んだのです。そのせいか、母親との関係は大きく変わりました。母親は何も変わっていないようですが、**Ａさんの肩から母親という重荷が下りた**のです。

そして、**Ａさん自身が無意識に同じことを娘たちにしていたことに気づき**ました。娘たちの幸せを願って努力するＡさんは、知らず知らずのうちに、娘たちを目に見えない干渉の網でしばり、窮屈な思いをさせていたのです。母親との関係に飛び込んでいった瞬間、Ａさん自身が母親の干渉から解放されました。そして、それまでのように娘との関係についてどうしたらよいかと考えすぎることがなくなりました。

親と子どもは鏡です。Ａさんと母親との関係は、そのままＡさんと子どもたちとの関係に大きな影響を与えていました。**Ａさんが母親に抱く感情は、Ａさんの子どもたちがＡさんに抱くものと共通するものがありました。**子どもは親から生き方を学びますから、皆さんが親に対してする態度を、子どもがそのまま皆さんにしていたとしても何の不思議もありません。**関係は連鎖するのかもしれません。今、皆さんがその連鎖を止めない限り、その関係は何らかの形で受け継がれていきます。**皆さんが、自分の子どもに受け継ぎたくないものはないでしょうか？　もしあるのなら、それを止めるのはあなたです。

8　社会に出るための訓練をする

親の家は、子どもにとっては訓練の場です。家を離れてもっと大きな社会に出ていくための小さな実験の場ともいえます。隠れるための場にもなりますが、**親は子どもに小さな社会を与えなければなりません。**社会にはいろいろな人がいます。そして、社会には価値観の異なる人たちがうまくやっていけるように、ルールやマナーがあります。そのルールやマナーに沿って生きていれば、周りと大きな摩擦を生まずに快適に生きていけます。しかし、ルールを犯すと罰せられます。ルールやマナーに沿って生きていかないと、私たちは健全な社会の一員とは見なされません。

親の家においても、何人かの人間が共同で生活をしています。そこには守るべきルールやマナーがあって当然です。**ルールは、子どもに「やってはいけないこと」と「やるべきこと」を教えます。**そのルールに従う時、子どもは自分を律することを学びます。ところが、家の中に子どもが従うべきものがないとしたら、子どもは社会に出て行った時、何かに従うことやルールを守ることをしようとはしません。彼らは、いきなり国家のルールを相手に、それを守らなかったら何が起きるかを気づく・学ぶことになってしまいます。

何かのルールを設けるということは、ルールで子どもを縛ることではありません。世の中には、良いことと悪いこと、やるべきこととやるべきではないこと、などの区別があります。この区別に沿って自分を律して生きることが自分で立つ自立です。ルールは、その生き方を教えるための道具です。

幼い頃の子どものほとんどは、すべてを肯定されて生きています。着ているものやオムツを汚しても、親はニコニコと取り替えてくれます。大切にされ、愛されます。絵を描いたといって喜ばれ、鉄棒にぶら下がったといっては拍手され、幼い子どもは自分が何でもできると思い込んで育ちます。自分が泣けば、親たちは泣かなくてもいいように何でもかなえてくれるのです。そのプロセスで**自尊感情などが育つ**わけですから、これは大変重要なことです。

ところが、自尊感情とともに育っているものがもう1つあります。それは、万能感です。子どもは、**自分は万能であると誤解**してしまいます。極端な言い方をしますが、万能感が膨れ上がると独裁者になります。自分は何でもできる、やってもいいと思い、そのように振る舞います。2、3歳までの子どもであれば、まだ可愛げがありますが、そのまま大人になってしまったらどうなるのでしょうか?

学校に行くようになると、集団の中でもまれてさまざまな挫折感を味わいながら、自分をコントロールする力を身に付けていきます。それでも、自分は何でもできる、何をやってもいいと思い込み、自由気ままに振る舞う人がいます。ルールを自分の都合のいいように勝手に変えて、周りをそのルールに従わせようとします。それによって人を傷つけても、いっこうに反省する様子はありません。皆さんの周りに、このような人はいませんか?

このような人は、物事を認識する認識の仕方にゆがみがあるからです。親の家は訓練の場です。自尊感情とともに膨れ上がった**万能感をほどよくスリムにして、自分を**

有能であると感じる有能感を身に付ける場なのです。子どもは、自分を有能であると感じる有能感を育てながら自分に自信をつけます。自信のある子どもはさまざまな場で前向きな姿勢を見せます。そして、**家庭で子どもに責任を教えるプロセスこそが、万能感を有能感へ、自信へと変化させる道**なのです。

私たち親は、さまざまな場面をとらえて子どもを訓練し、社会人として生きていける準備をさせて、家から送り出します。とくに高校の３年間は、その仕上げの時と言えるでしょう。高校の３年間は、必要以上の干渉はしない同居人として、このまま社会に出してもいいかどうかを見て、旅立ちの最後の仕上げをする時といえます。

第6章 不登校と向き合う親の体験談

令和2（2020）年4月、私がアドバイザーを務める不登校と向き合う親の学習会「やすらぎの会」が発足して10周年を迎え、それを記念して、会員の有志の皆さんに自らの体験談を寄稿していただきました。

以下に取り上げる18の体験談からは、子どもの成長、学校や家庭、親子関係や家族関係の在り方など、多くのことを学ぶことができます。

子どもの不登校を通して、子どもの成長を支援する視点から学ぶべきことは少なくありません。不登校と言うと、ほんの一部の子どもたちの現象かのようなイメージを持たれますが、こうした現象は、家庭や学校の在り方、ひいては日本の教育の在り方を再考させる大きな問題提起となっています。勇気を出して投稿していただいた有志の皆さんに敬意を表するとともに、その思いをご紹介したいと思います。ぜひ参考にしていただければ幸いです。これまで子育てに関して、いろいろなお話をさせていただきましたが、それを思い起こして一読していただければと思います。

●夫婦で話し合って協力することが大切
（Aさん　50代男性）

やすらぎの会が10周年を迎えられたこと、心からお祝い申し上げます。私ども夫婦は、この会の発足当初より参加させていただいております。その当時は、わが息子が最悪の状況の中で、いろいろな所に相談に行きましたが、最も大変な時にこのやすらぎの会に出合うことができました。息子が通っていた大学に高先生が在職されていたこと、加えてこの会のアドバイザーをされておられたこと、高先生のお勧めなども功を奏して、現在に至ったと思っております。

息子は、小・中・高校生の頃は不登校ではありませんでした。私が子どもの頃、私の父親に厳しく育てられたこともあり、息子が将来世の中に出た時、強い人間になってほしい一念で厳しく育ててきました。特に息子が高校や大学に入る時、いろいろと強要したり、無理難題を押しつけたりした結果、「強迫性障害」という病気にかかってしまい、普通に生活できない状況となってしまいました。

たとえば、自分の手で直接物に触れることができないため、すべてティッシュペーパーでカバーして触りました。そのため、部屋中ティッシュペーパーの山となり、手を一日中何十回と洗うので、荒れて血が出たりしていました。そして、父親である私との関係も2年間ほど全く会話をすることもなく、昼夜逆転の生活が続いている中、高先生や山会長さん、やすらぎの会の皆さんの温かく、時には厳しいご指導をいただきました。そのお陰で、息子の抱えている辛い気持ちを受け入れることができ、息子は少しずつ心を開いてくれました。そして、現在は何とか仕事に就けて頑張ってくれております。

今、私ども夫婦は、この会が原点であったことに心から感謝いたしております。そして、この会に参加させて頂いて皆さんとお話をしていると、毎回参加される方々の悩みは切実であり、ほとんど母親が一人で背負い込んで大変な思いをされていることに気づきました。夫婦で話し合って解決策を見出し、そして協力することが、子どもの立ち直りの一番の近道であることを痛感しております。やすらぎの会は、迷える人たちにとって最高の心の拠り所であり、最高に癒される場所だと思います。

●安心して胸の内を吐露できた
（Ｂさん　50代男性）

平成19年、３番目の息子が高校に入学しました。時に次男も大学に進学、長男は大学４年に進級しました。私も家内も手放しに喜びましたし、二人の兄と同様に高校生活を送ってくれるものと信じて疑いませんでした。ある日、突然「もう無理…」と言って学校に行けなくなるまでは。

何が起きたのか、家族みんなが理解できないまま、「ただ怠けているだけだ」とか、「嫌なことから逃げているんだ」とか、わが息子を責め立てる毎日でした。学校の担任や部活の先生にも話を聴き、病院のハシゴもしましたが、どうすればよいのか分からない日々がただ過ぎるだけでした。そうした折に出合えたのが、やすらぎ金沢教室の事業の一つである「親のグループ学習会」でした。今のやすらぎの会の前身です。

参加する家内の様子について、高先生は、「毎回あらん限りの悲しみの涙を流し、参加者の皆さんももらい泣きしていましたよ」と教えて下さいました。私自身は、家内より相当遅れてやすらぎ教室に通い始めております。ギックリ腰で仕事を休んだ私の背中を、神様か仏様かが押して下さったのでしょう。家内に連れだって、初めて教室に出かけたのでした。

そこは決してパラダイスでもユートピアでもありませんでしたが、とにかく優しい会長さんが迎えて下さり、自分のこととして一緒に考えて下さいました。何よりもアドバイザーの高先生は、時には厳しい指摘もなさいますが、いつでもスピーディーな対応を取って下さいますので、安心して胸の内を吐露できます。それが、この会の一番の魅力だと感じてきました。

私が学習会に参加するようになって1年が経った頃でしょうか、学習会存続の危機が訪れたことがありました。高先生、山会長さん、学習会に参加の皆さんで真剣に考えました。「自分たちはそれでよいかもしれないけれど、これから同じ悩みや苦しみを持つこととなる人たちに、こういう場所があることを何とか伝えたい。何とか残したい」と。こうした強い思いも手伝って、新生「やすらぎの会」が誕生したわけですが、私は立ち上げの場に参加できたことを大変嬉しくも懐かしく思い出しております。

平成24年４月の新生やすらぎの会誕生から10年、その間、あの我が三男は、入学した高校を中退、通信制高校から大学に進み、卒業後は金沢市内の会社に就職、昨年には結婚し、今春には父親になりました。さらに、今年４月には５年間勤めた会社を退職し転職。今は、この夏に完成予定の新居への入居の準備に余念がありません。何歳になっても子を持つ親の心配は尽きることがないとも言われますが、今の息子は、あの１年半を取り戻そうと、何かしら生き急いでいる気がしてなりません。

最後になりますが、高先生と山会長さん、お二人の熱意とご尽力に対しまして、改めて敬意を表しますと共に、心より感謝申し上げます。

●話を傾聴して頂き感謝

（Cさん　40代女性）

10年という長い年月にわたって、高先生や山会長さん、そして、参加されたいろいろな方たちに、一人一人の話を傾聴していただき、本当にありがとうございました。思えば、娘が中学1年の夏休み明けから「お腹が痛い。休みたい」と言い出したのがきっかけで、親としては何ともいえない不安や絶望が大きくなりました。

「こんなんではいけない」と、心を鬼にして娘を泣かせて、怯（おび）えるくらいに怒って、時には無理やり制服を着せて学校に連れて行ったりしました。世間体が気になって「何で、何で、うちの子は？」と、日々どん底に落とされたように、思うようにならない娘に腹が立ち、イラ立ちさえ感じることが多かったと思います。

誰かに話を聴いてもらいたい時に、やすらぎの会のことを知って、山会長さんに相談しました。「高先生に会って話を聴いてもらいましょう！」と誘ってもらい、東金沢駅まで来てもらって一緒にお伺いしたことを思い出しました。高先生に話を聴いていただき、少し気持ちが楽になったのか、つい泣いてしまったことを鮮明に覚えています。

あれから3年、娘は中学校にほとんど行けなかったのですが、中高一貫校でしたので、何とか高校に上がることができました。しかし、環境に馴染めず、夏休み明けから学校に行けなくなりました。話し合いの結果、通信制の高校に転入しました。週2回の登校で、まだまともに通えない状況ですが、本人が行くと決めたので、親としては、過敏にならずに見守って、本人が独り立ちできるように任せています。時々ちょっと伝える私の言葉に過敏になり、耳をふさぐこともあります。

家にいることで心が落ち着いているのか、料理をしたり、1つか2つのお手伝いをしたりすることもあります。最近は、長い目で見ながら親自身も変わっていかないとなあと、思い知らされます。月1回の学習会に毎回は参加できませんが、参加した時は家の娘だけではないんだとすごく勇気をもらいます。不登校だけでなく、いろいろな病気なども含め、子どもたちが幸せになってほしいですね。心から願って書かせていただきました。ありがとうございました。

●親の気持ちが前向きになると…

（Dさん　40代女性）

私がやすらぎの会に足を運んだのは、娘が不登校となった中学1年の11月頃だったと思います。さまざまな所に相談に行きましたが、解決策が見つからず、母子共に限界に来ている時でした。まず感じたことは、私と同じように、こんなにも悩んでいる方々がいたんだと、孤独な闘いから解放されたいという思いでした。皆さんの話を伺いながら、自分の考え方を軌道修正していくことができたのは大きな喜びでした。

それまでの私は、なぜこんなことになってしまったのか、その原因探しばかりをし、しまいには「私のせいで…」と悲観し、どんどん暗闇に向かっていきました。そんな私を見て、娘もまた「自分のせいでこんなにも母親を苦しめている…。学校にも家にも自分の居場所がない！　義務教育が何なん！」と泣き叫ぶありさまでした。やすらぎの会に通ううちに、「学校に行かせなくては！」

から、行かないことを受け入れる気持ちへと変化していきました。絶望的な気持ちから、そんな人生もあるのかと楽観的に受け止めることができるようになっていったのです。

私の気持ちが前向きになると、連動するかのように娘は元気になっていきました。その後、一度も中学校には行きませんでしたが、エネルギーを充電した娘は、「高校受験はする！」と宣言し、得意なピアノを生かして辰巳丘高校へと進学し、２年間の不登校を取り戻すかのように充実した高校生活を送ることができたのです。

卒業後は、東京の短大に進学し、今は元気に働いております。振り返って思うことは、「休むことが必要だった」ということ、それに尽きます。娘に、「あの頃、なぜ学校に行けなくなったの？」と聞いたことがあります。当時は語彙力がなく、話せなかったことが今なら聴けるなと期待して聞いてみたのですが、明確な返答はありませんでした。本人も分からないようです。見えないストレスに心身共に疲れ果て、休むことが必要だったのだと思います。

なお、家にいた2年間、全く勉強はしませんでした。毎朝、規則正しく6時に起床し、夫と私の弁当を作り、仕事に行く夫、私、姉を玄関まで見送る生活でした。親は何もしないのではなく、見守ることをすること、それを私が一番大切にしていたことでした。どうか、今現在悩まれている方にも、一日でも早く平安が訪れますように。

●「きっと乗り越えられますよ」と

（Eさん　50代女性）

次女が子育ての途中で不登校になり、それは思いもよらない出来事でした。けれど、今は大学生となり、元気に過ごしています。ここまで坂道を登ってくれましたことを、関わって下さった周りの方々に感謝しております。

娘が県立の中高一貫校の中学2年の1学期に、初めてやすらぎの会の学習会に参加させていただきました。その前年の中1の2学期から不登校が始まったからです。冬頃になって、主人が、これは家庭だけでは何とかできる問題ではない、外部の団体と連携をとろうと、いろいろ探し始めました。そして、春になり2年生に進級して、どうしようか迷っていたところに、やすらぎの会との出合いがありました。

当時は、ほとんど学校に行けない状況でした。担任の先生が足しげく家庭訪問をして下さいましたが、どんどん元気がなくなっていきました。そして、2年の3学期には昼夜逆転の生活になり、家から外へ出ることすら、しんどくなっていきました。それでも3年になってからは、本人の希望で教育支援センター（適応指導教室）に少しずつ通えるようになりました。そして、中高一貫校でしたが、これも本人の希望を尊重して、高校は通信制高校に進学しました。

朝、家族と一緒に朝食のテーブルを囲んでから出勤し、午後から高校の学習センターに登校するという生活リズムも整いました。そんな生活を送っているうちに、2年生の秋頃には、大学へ進学したいという希望を話してくれました。そこで、高校の先生と相談しながら、年が明けた頃にアルバイトもやめ、少しずつ受験準備をして、無事に今の県内の私大に進学できました。

県内でしたが自宅から遠かったので、大学に通える場所で一人暮らしをすることになりました。心配はあったのですが、本人のやりたいことでしたので、思い切って見守ることにしました。不登校中に練習した料理の腕を生かして、食生活もしっかりしているようです。また、友だちと連絡を取り合ったりして、親から自立して何とか日々をがんばっています。

初めて夫婦でやすらぎの会の学習会に参加した時に、高先生から「ここには先輩がたくさんおられます。きっと乗り越えられますよ」と、にこやかに声をかけていただいたことを覚えています。これまでを振り返ってみると、お言葉通りになったと、ほっとしています。学習会では、親としての辛い気持ちを、どんなささいなことでも受け止めて下さいました。それでも、普段の生活に戻り、家庭の中で失望しそうになって、親としての未熟さを子どもに謝ることもありました。けれど、やすらぎの会の方々とつながりながら、小さな希望を持ち続けて、ここまで来ることができました。

娘が今の大学を選んだのは、自分が通ったような通信制高校の先生になりたいので、高校の教員免許が取れるところだからそうです。なれるかどうかは分かりませんが、立ち直って高校在学中にしっかりとした目的を持ってくれたことはうれしかったです。親子共々、周りの方々に支えられて不登校を乗り越えることができました。将来娘が学校の先生になり、その経験を生かして不登校の問題に力を出してくれるのが、親の私の夢です。

●熱心に話を聞いて頂いた
（Ｆさん　40代女性）

やすらぎの会、10周年おめでとうございます。この会と出合った頃は、息子が高校２年の春に不登校になって２、３カ月後だったと記憶しています。高校の代わりに通っていた施設にチラシが置いてありました。やすらぎの会の前身の会の案内でした。

あの頃は、息子は外出のたびにすぐに疲れてしまっていました。高校へは２週間に１回、１時間ぐらいは行っていたでしょうか。本当にこの子はどうなってしまうのかという不安ばかりが先に立って、焦っていました。誰かに相談に乗ってもらいたい、不登校について知りたいと思い、とにかく思い切って会に参加することにしました。

山会長さんはとても優しくて、会員の皆さんも熱心に話を聴いてくれて、一緒に泣いてくれて、とても安心したのを覚えています。あれから10年の間にいろいろありました。息子が動き出して最初にしたのがバイト。3つぐらいした後、受験して大学へ。初めての一人暮らし。それから東京で就職。

どれも長続きしませんでしたが、いろんな経験を積むことでだんだん活発になってきました。親として心配なこともありましたが、幸い本人がいろいろやりたいことを見つけてくれたので、できる限り応援やサポートをしてきました。もう最近では、サポートといってもご飯を用意するぐらいになってしまったんですが。

今年、4月から陸上自衛隊に入隊しました。また、新しい道を歩き始めました。3月から集団生活に入っています。規則正しい生活、食事も3食きちんと食べ、トレーニングもあります。自宅にいた時よりも6キロも増え、たくましくなりました。親としては心も体もたくましくなって、自分の居場所を見つけてほしいと思っています。

●近くへの買い物を頼んだら…

（Gさん　50代女性）

私がやすらぎの会と出合ったのは、長男が中央高校に入学できたものの登校できず、その当時カウンセラーをされていた高先生に出会えたことがきっかけでした。学習会に何回か参加させていただき、わが子の現状が少しでも良くなる方向を見つけたく、一生懸命皆さんのお話に耳を傾けました。その中で、子どもに家から近い所で買い物を頼むと良いと聞きました。

人の中に出ることができなくなっていた長男でしたが、近くのドラッグストアへの買い物を頼みました。買ってきてほしい物を書き、お金を渡しました。長男にとって家族以外の人と接することは、とてもストレスがかかり、勇気がいることだったと思います。

長男が無事に買い物に行って帰って来た時には「やった!!」と思い、精いっぱい「ありがとう。助かったわ！」「やればできたね」と、感謝の言葉を伝えることができ、長男もうれしそうでした。このことが、次へのステップに繋がったことをありがたく思っています。今でも、時々長男は買い物に行ってくれて、手伝いをしてくれます。

中央高校では出席日数が足りなくなり、やめざるを得ず、通信制の高校に入学しました。通信制は、長男に合っていたのでしょう。4年間もレポートを提出し、週1回のスクーリングに出席することができ、無事に卒業することができ、とても感謝でした。卒業した後、就職は自分で探して決めなくてはならず、本多町（金沢市）にある若者サポートハローワークにも通いました。しかし、就職試験を目の前にして体調を崩し、決めることはできませんでした。

それでも、知人から新聞配達の話を聞き、長男に勧めてみたら「やってみる」とのことで始めました。最初、失敗もあって落ち込む様子を見て続くのかと心配しましたが、販売所の店長さんがいい人で、適切に指導して下さって、今も朝刊と夕刊の配達をさせて頂いております。長男は、今27歳になりました。

不登校より14年間の歳月が流れる中、家族、親戚、学校の先生方、多くの方々に心をかけていただき、感謝しかありません。今、穏やかな気持ちで長男と向き合って話ができること、本当にありがたいことです。これからの課題はたくさんありますが、主人と心を合わせて、長男を見守りながら応援していきたいと話しています。

高先生、山会長さん、皆さん、ありがとうございます。

●自立のタイミングが大事

（Hさん　40代女性）

「喉元過ぎれば熱さを忘れる」ということわざがありますが、寄稿依頼のお手紙をいただくまで、息子が「学校に行かない」「学校に行けない」「学校をやめたい」と言っていたことをすっかり忘れていました。私は、ある小学校の養護教諭として、不登校の児童や保護者と共に市内の子ども相談センターなどに顔を出していました。そうしたところ、金沢市のある養護教諭の方から「とてもいい場所がある」と、やすらぎの会を教えていただき参加しました。

最初は、「学校の友だちや保護者の方のためになればいいな」と思い参加しましたが、いつしか自分自身の子どもの悩みまでポロポロと語り出していました。もちろん、児童の保護者にも紹介し、一緒に参加させてもいただきました。やすらぎの会では、高先生をはじめ、山さんや他の保護者の皆様のアドバイスや体験談を聴くことができ、どんなに救われていたでしょうか。それなのに、息子が自立し、手を離れてしまった途端にご無沙汰してしまったこと、本当に恥ずかしく申し訳ないと思います。

ここからは、私の経験の中で感じたことを話します。子どもが不具合を出す時は、両親が不仲であったり、コミュニケーションが不足していたりすることが少なくありません。そして、うちの息子がそうだったのですが、何か不具合を起こす時、発達障害の特性が強く出ている場合が少なくありません。発達障害があると、対人関係でのトラブルがあるなど感じ方の特徴があるので、それを知りながらわが子に接していく必要があります。

子どもはいつまでも子どもではないということ、自立をさせるタイミングや自立前の肥しの与え時が大事と気づきました。小学校・中学校と、しばしば不登校を呈し、推薦で入った高校も部活の顧問とのトラブルが原因で、1年生の時には「高校をやめる」と言って聞きませんでした。高先生に相談させていただいたところ、「それは学校に非があるので、息子さんは学校をやめる必要はないと思います」と強く後押しして下さり、自分も掛け合い、何とか息子は退学することなく進級できました。この「高校をやめる・やめない」で、息子は大きな決断をしました。息子は「お父さん、お母さん、俺、一人暮らしをしたい」

と言い出したのです。最初は「友だちを連れ込んで遊びたいのか？」などと考えてしまいましたが、全く違っていました。「高校をやめる・やめない」の対応で親が動き回る姿を見て、「自分は何でも親に頼り過ぎていると感じた。自分で全部やってみたい」ということでした。実際に一人暮らしをさせてみると、最初は本当に大変そうで、お弁当を作り、朝食を作り、学校へ行き、帰ってから買い物に行き、ご飯を作り、お風呂を沸かし、洗濯をする、それから勉強をするという生活を毎日毎日続けました。結果的には、本当に成長した息子がいました。

今まで一人っ子ゆえに手を出し過ぎていたなと反省。何もできない子にさせてしまっていたのは私だったなと強く感じました。「この子、何でもできるんだ…」と、うれしいような、寂しいような、そんな気持ちになったことを今でも覚えています。高校卒業時、「お母さん、本当にこれ以上勉強はしたくないんや。働きたい」と話したため、昔から夢としていた消防士の試験を受け、見事難関を突破しました。現在は、消防士として勤務し、市民の安全を守る役割を果たしています。

息子は、うまく人付き合いができなかったり、空気を読めなかったりする部分があり、発達障害の部分は否めませんが、その部分も親子で話し合いができるようになりました。「俺、そんなこと言っていたんや。ヤバイ人だったね」などと、昔の話をすると驚いて笑っています。その子その子の特性を見て、焦らず接して、子どもの力を最大限に出せるような関わり方って大事なんだと、このやすらぎの会を通して学ばせていただいたと思います。

不登校から単身留学を選んだ孫

（Iさん　80代女性）

「子を持って泣かぬ親はなし」。ある日、暇に任せてある新聞を隅から隅まで読み終え、最後に何気なく運勢欄を見た時、偶然目に入った言葉です。なぜか身につまされ、思わず書き留めました。

5年前、孫が不登校というレッテルを貼られ、どこにも行き場がなかった時のこと、日々涙に明け暮れたことを鮮明に思い出しました。涙することはもちろん、この孫を道連れに「死を考えた」ことが幾度あったでしょうか。今とななっては、バカなことを考えた自分を恥じるばかりです。どのご家族の方も大なり小なり同じ思いかと推測するのですが、最初は「なぜこうなったのか」という疑問ばかりが頭を駆け巡り、原因を探ることに終始していました。

月日が経つにつれて、先の見えない暗い暗いトンネルにさまよいながら、一歩一歩進んでいくうちに「やすらぎの会」と出合い、皆さんからたくさんの力をいただけたことで、どうにか前へ進むことができました。しかし、高校入試にも行けず、悶々と過ごしていたある日、突然「日本にいたくない」と言って、留学という道を選び、アメリカに旅立っていきました。一人っ子で何の苦労もしたことのない15歳が、小さなリュックを背負い、一人で旅立っていく姿を目の当たりにした時は、涙涙で視界がぼやけました。

未知の世界の3年間は、辛いことや悲しいことがいっぱいあっただろうと思いますが、本人もあまり詳しいことは語らず、私たちも心の中に土足で入ることはせずにきました。いつか話してくれるだろうと淡い期待をしています。結果は良かったのか、悪かったのか、今はまだ分かりません。帰国後は日本の大学に入り、今年、大学2年生になりました。

「やすらぎの会」で私も娘も心強いアドバイスや励ましを頂き、そのおかげで孫は留学へと一歩踏み出すことができ、大学にも進学することができたのだと思います。

まだこれから涙する日があるかもしれません。しかし、いつかその涙がうれし涙となる日が来ることを願うばかりです。

●不登校になったからこその出会いも

(Jさん　40代女性)

娘は中2で不登校、中学の卒業式は校長室で。全日制の高校は2年で中退。通信制高校を卒業し、その後、調理師の専門学校に入り卒業。専門学校を卒業した年は、普通に中学校、高校、大学と現役で進んだなら、4年制大学を卒業する年でした。

13歳から22歳までいろいろなことがあり、泣いたり、悩んだりしたのですが、結果オーライだと思っています。不登校にならずに順調に進路を進んでいたら、今の旦那さんに出会えなかったと思うのです。不登校になって脱線したからこそ、経験できたこと、出会えたことがたくさんあったと思うのです。

娘は、今年の10月で30歳になります。旦那さんと一緒に、将来は自分たちのお店を持つことを目標に修業中です。とりとめのない内容で申し訳ありません。最後になりましたが、高先生、山会長さん、やすらぎの会の皆様の支えがあったからこそ、辛い時期を乗り越えられたのだと心から感謝しております。ありがとうございました。

●自分と向き合い、思い込み手放せた
（Kさん　40代女性）

娘は、中学2年生の3学期から学校に行けなくなりました。2カ月間、自分の部屋に引きこもり、生きているのか死んでいるのかも分からない日々。それから3年余り…。娘は、「不登校していたから今の私がいる」と言って、前を向いて「今」を生きています。自分で決めた高校に入り、勉強、留学、バイト、遊びなど、自分のやりたいことに挑戦して、夢に向かって進んでいます。

ここまでの道のりは、決して平坦なものではありませんでした。自分が体験

したことのない「不登校」という世界に右往左往し、迫られるいろんな選択に直面してきました。そんな時、やすらぎの会に出合って、高先生、山会長さん、参加されていた皆様のお話を聞いて、「一人じゃない！」と心強さを感じました。

多くの人に支えられて娘を見守りつつ、自分自身と向き合っていくことで、思い込み制限を少しずつ手放していくことができました。そして、今は子どもたちや夫との関係が変化し、笑顔の絶えない日々を過ごせています。こんな日々が過ごせるのも、娘が不登校をしてくれたお陰です。娘からのプレゼントに感謝しています。

渦中にいらっしゃる方は、今はこんな風になるとは考えられないと思います。私がそうでした。でも、どうか目の前ばかりを見ずに、視点を遠くに置いて下さい。内閣府データによると、中学校に不登校だった生徒の7割が進学か就職をしているそうです。朝の来ない夜はありません。娘と母である私の経験が、渦中の皆様の灯になれたら幸いです。

このように、自分を振り返る機会を与えて下さった、やすらぎの会代表の山様、ならびに関係者の皆様に感謝いたします。

登校以外の選択肢、もっとあっていい
（Ｌさん　40代女性）

家族構成は、私ども夫婦と２人姉妹、祖父母の６人家族です。長女が中学２年の２学期９月頃から不登校になりました。当時、何か行動を起こさないといけないとの思いで、学校のカウンセリングなど、子どもを交えて２回ほど受けましたが、あまり子どもの様子に変化もなく、とてもつらい日々でした。

年を越して、正月頃に高先生の本を読み、そのほかネットなどでいろいろと情報収集をしました。教育プラザやフリースクール、その他の親の会など、いろいろと参加しました。長女は、３年生になっても登校は一切しませんでした。中３の４月頃から部屋からよく出てくるようになり、表情も明るくなりました。当初より買い物などは一緒に出かけ、全く部屋から出て来ないということはありませんでした。

中３の７月頃から、勉強を中心に見て頂く家庭教師の教室にお世話になり、週２回通いました。私は、その年の５月にやすらぎの会の講演会に参加して、それ以来お世話になっております。何とか高校に進学し、高校１年２学期まで

は全く休まず登校していました。しかし、11月頃からまた不登校になりました。それでも進級して2年生になりましたが、ほとんど登校しておりません。今は、通信制高校などへの転校も視野に入れながら、少し辛い日々を送っています。

振り返って思うことは、子どもには一つの個性、性格、人格があり、親の思うようには育たないのではないかということです。今どきの子どもたちは成長が早く、情報があふれ、義務教育という枠に収まらないのではないでしょうか。中学校は、義務教育の枠の中で、登校ありきの対応しか取ってくれず、あまり頼りにはなりません。

教室登校以外の選択肢ももっとあればいい、もっと多様性を認める社会になってほしいと思います。親がつらいのは、理想と社会の「普通」と言われているギャップで苦しいのではないでしょうか。頭では理解していますが、なかなかできないので苦しいです。まずは、両親が団結し、前向きに苦しみを分かち合い、子どもを少しでも良い方向に手助けするしかないのでしょうか。親は、一生子どもをサポートし続けてもいいのではないでしょうか。世の中にそのような人間は親以外にはいないのですから。

●困難感じながらも自立を目指し
（Mさん　50代女性）

やすらぎの会10周年、おめでとうございます。高先生、山会長さんをはじめ、お世話いただいている皆様に感謝申し上げます。やすらぎの会初参加は6年前でした。息子が公立のフリースクール「やすらぎ金沢教室」を紹介されたのと同時期に伺いました。その頃、全日制高校の1年生だった息子は、抗うつ薬を服用していましたが、緊張が強くて教室に入れず、クラスメートと話すために学校が用意してくれた部屋で眠って過ごすような状態でした。

担任の先生、相談室の先生、養護教諭の先生、部活の先生など、たくさんの先生方に応援していただいたものの、適応教室にもなじめず、その後、通信制高校に転校しました。転校後も病状は変わらず、それでも自分のペースで学べる環境のお陰で、全日制と通信制を通算6年かけて高校を卒業しました。

就活は自分では困難でしたので、就労移行支援事業所の支援を受け、昨年11月に短期間の障害者雇用で就職し、現在も定着支援を受けて頑張っているようです。24歳になった息子は、現在も多くの困難を感じているようですが、経済的自立を目指し、障害者年金申請の準備をしています。

私の学習会出席は数回ですが、まとまりなく思いを吐き、涙が出てしまったこともありました。帰りの電車で一緒になった方に「あそこでは泣いていいのよ」と慰めてもらい、学習会でも言えなかった本音を話したこともありました。不登校の子どもの親同士だからこそ共感しあえる、張りつめた気持ちを緩ませることができたひとときでした。息子が通信制に転学後は、土日の通学を手伝うため学習会から足は遠のきましたが、毎月の通信は楽しみに読み、年1回の講演会には参加するようにしています。改めてお世話になったやすらぎの会の皆様に感謝申し上げます。

●会で話すことで出口の方向見えた

（Nさん　40代女性）

私がやすらぎの会と出合ったのは、息子と娘の二人が不安定になった8年前です。

息子は、高１の頃から不登校になり、心の病気となりました。先ばかり見て頑張ろうとするけど、不安に押しつぶされて前に進めない状況。娘も自分に自信が持てず、自分の力以上に勉強や部活を頑張って、月２回は休む不登校気味の状態でした。そんな二人を見ていた私は、夫と悩んでばかり。不登校関連の本を参考にするものの、私の不安も増して、暗闇の中でもがいていました。

そんな時に、やすらぎの会に出合い、学習会で今の状況を泣きながら話しました。参加されている皆さんはうなずきながら話を聞いてくれ、時には一緒に涙しながらアドバイスをもらい、学習会の終了後には、いつも私の心は軽くなっていました。息子は通信制高校を卒業したものの、納得のいく勉強がしたいと、家庭教師や塾で勉強を続け、何度も不安の波に襲われそうになりながら、薬での治療を続け、今は家業を手伝ってくれています。最近は、一日一日を充実させる大切さに気づいて、無理せず自分のできることを増やしています。

娘は、幸いにも良い友人や先輩と出会い、自分の気持ちをさらけ出せ、時には失敗もするけど、助けてくれる周囲の人たちがいると気づいて、今はマイペースで無理せずに頑張っています。

子どもの不安を軽くするには、まず親も気持ちを楽にと言いますが、私はこの会に参加して、話すことで出口への方向が見えました。学習会で、「大変だったね。それで大丈夫！」の言葉と、優しい笑顔に救われました。「今の自分でいいのだよ！」と自分を認め、許してあげること、それに気づかせていただきました。やすらぎの会には感謝の気持ちでいっぱいです。ありがとうございます。まだまだ成長途中の私たち親子です。これからもよろしくお願いいたします。

●双子の不登校を体験して

（Oさん　30代女性）

私には双子の男の子がいます。中学1年の春、長男が学校に行けなくなり、大丈夫？と思っていたら、次男もなぜか行けなくなりました。「なんで起きないの？　なんで行かないの？　なんで？」と学校を責めたり、自分を責めたり、「でも仕事に行かなきゃいけないし」と余裕のない日々でした。

そんな時に「やすらぎの会」という場所があると聞いて、ワラにもすがる思いでドアを開けたのを覚えています。「人前で話せない」と最初は思いましたが、優しく話を聴いてくれたり、共感してくれたり。帰りの車の中はスッキリ。大切な居場所になりました。「お母さんが笑顔で楽しまなきゃ。子どもは、お母さんが大好きなのよ」などと励まされ、自分を責めていた私には涙が出る言葉でした。

「双子で大変だけど、一人ずつ見て接する時間を持ってね」というアドバイスがありましたが、この言葉、分かっているようでできていませんでした。「いつの間にか、双子は同じことしなきゃいけない、と思い込んでいた。一人ずつの考えがあるのに…」という気づきもありました。いつの間にか、私の表情も明るくなったと言われ、自分が話したことが認められ、そこから自己肯定感へとつながっていきました。同じように子どもたちにも変化が見られました。

二人は高校1年になり、同じ公立高校に通っています。学校に通うことがうれしいのはもちろんですが、毎日の出来事を夕食時に話してくれるのがうれしくて、学校の会話を二人がしているのを眺めるのも楽しい。「長いトンネルを抜けてうれしいが、体力的に限界がきたら休む」と言っているので、「また…」

と考えたらキリがないけど、「今は楽しまなきゃもったいない。中学校は経験できなかったんだから」と今を楽しんでいます。

高先生、山会長さん、私にやすらぎの会という居場所を見つけて下さり、ありがとうございました。いつまでも皆様が笑顔で帰れる場所でありますように。これからもよろしくお願いいたします。「明日は明日の風が吹く」

●家を子どもが安らげる場に

（Pさん　40代女性）

不登校やひきこもりが社会問題になり、「学校の各クラスに一人ずつはいるよ」と、子どもから聞いていましたが、まさか我が家も、この問題を持つ家庭の一つになるとは思いもしていませんでした。最初の間はすぐに元の生活に戻ると思っていましたが、そうはいきませんでした。中途半端な状態で2年が過ぎています。ここで踏ん張ってと願う場面は、この2年間たくさんありました。

親の育て方が悪かったのかと後悔したり、子どもにいらだちを感じたりすることもあります。今年はコロナウイルスの流行により、特別な1年を過ごしました。休みが続く中、再開時に学校へ復帰できた子どもと不登校になってしまった子ども、環境が左右することを感じずにはいられませんでした。我が子は、私立の通信制に転校し、登校していなくてもよい学校に通っています。テレビのワイドショーでは、連日のように学校の休みが子どもに与える影響について伝えられていました。

通常の学校に戻ることができないことについて、親として少し心配に感じることもありました。でも、ズームやスカイプなどを使い、登校しないでもできる教育システムもお目見えしました。コロナによる新しい生活様式にはなかなか組み込まれていませんが、教育を受ける子どもたちの傷を少なくするために、一般的な選択肢に加えて、戻れる場所の確保、継続できるチャンスの方法、考える時間の確保として利用できる教育システムなどが、近い将来に出来ればよいと感じました。

今、私が思うことは、親の納得と子どもの納得は違うということです。親も苦しいけど、子どもはもっと苦しいのです。ですから、親がやすらぎの会で心を癒やされるように、子どもにとっては、家が安らげる場であること、加えて独り立ちする力を蓄えられる場所であるようにしたいと思います。とはいえ、いつも平静な心を保てるわけでもなく、どうしても子どもと口論になることもしばしばですが…。

いつの日か、本人にとって納得できる人生を歩みだし、自分の力で人生を歩んでいける力を身に付けてくれる日が来るまで、見守っていきたいです。

高先生、会長の山様、会員の皆様から日々支えられていることに感謝し、やすらぎの会10周年の中で過ごされた親子の歴史が、ますます幸せな人生の道に進めますよう、我が家を含め願うばかりです。今後とも、よろしくお願い申し上げます。

●どんな時もそばにいるよ

（Qさん　50代女性）

10年という長い年月、多くの方の痛みに寄り添い、共に歩んで下さった「やすらぎの会」に感謝と敬意をこめて、私の気持ちを綴ります。

たくさんの希望を抱え高校に入学した息子が、6月のある朝、突然起き上がることができなくなり、全く動けなくなりました。「何か違う」。これまで息子に対して抱いたことのない思い、黒い大きな雲のような不安が私の中に湧き上がり、日に日にその中にすっぽり埋もれてしまいました。

仲間から信頼され、いつも活動の中心にいる頼もしい息子の姿をすぐに思い浮かべることができるのに…。私の目に映る息子は、たった一人で何かにおびえ、憔悴（しょうすい）し、深く悲しむつらいものだったのです。そんな頃、私はやすらぎの会に出合いました。「どんな時もそばにいる」。あまりにつらく、忘れていた気持ちに気づかせて下さったのは、高先生をはじめ、やすらぎの会の皆さんです。そして、「あなたは決して一人ではない」と、いつも温かいエールを送って下さいました。強く優しいこの２つのメッセージを、私も息子にどうしても届けたいと思いました。

「ずっと家にいていいんだよ。あなたの代わりはどこにもいない。どんなあなたも好き。いつもそばにいる」。言葉に乗せて伝える時、言葉に乗せずに伝える時がありました。しばらくして、息子は高校中退を自分で決断し、今は会社員として元気に働いています。

あの頃を思い返してみると、大きな困難に苦しむ息子の一番近くに私がいたこと、同じ時を共に過ごせたことは、本当に掛け替えのない大切なものだったと感じます。絶望に暮れた日々、私のような母親を信じ、隠すことなく涙を流してくれた息子の勇気に心から感謝しています。本当にありがとう。そして、子どもたち一人一人が持っている前へ歩む力、その強さを私は固く信じ、悲しみをしっかり乗り越えたご家族に幸せ豊かな実りが必ず訪れることを心から祈っています。

●子どものことを何も分かっていなかった

（Rさん　40代女性）

我が家の次男の様子が変わったのは中学3年の春でした。不安定な中学3年生としての生活が終わり、高校に入りましたが、入学式から3日目の朝、次男は自殺未遂を起こしてしまいました。幸いにも大事にはいたらず安定していたのですが、病院の診察日の朝、家出をしてしまいました。すぐに見つかりホッとしたのも束の間、「一人暮らしがしたい」と言い出し、高校を退学した後、一人暮らしが始まりました。「一人暮らしの引きこもり」です。とてもとても心配でしたが、それでも次男が生きていること、それだけが救いであり、希望でした。

一人暮らしが始まって１年後、いろんなところで相談をした末、「やすらぎの会」に出合うことができました。毎月夫婦で参加し、さまざまな気持ちや考えを聴いていただきました。高先生、山会長さんや他の参加者の方からアドバイスや教えをいただき、たくさんの学びがありました。気持ちがとても楽になり、本当に助けられました。そんな中で気づいたのは、次男のことを何も分かっていなかったということでした。次男への無理解、歪んだ家族関係など、親として改めて見つめ直し、一からやり直さなければならない考え方や接し方など、さまざまありました。親が変わることが大切だと気づきました。

家を出てから４年後、次男は自宅に帰ってきました。車の免許を取得し、初めての仕事にも就きました。その後、また２年間引きこもる期間もありましたが、ポリテクセンター（職業能力開発促進センター）に通い資格を取ることができました。ポリテクでは充実した時間を過ごせたようで、毎日生き生きしていました。それは、私たち家族にとって久しぶりに見る姿でした。
現在、次男は自分で見つけた会社に就職し、自立し、一人暮らしをしています。こんな日を迎えられたのも「やすらぎの会」に出合い、救われ、慰められ、学びながら次男を待てたからだと思います。長いようで短かった7年間でした。それは次男にとって必要な時間、なくてはならない貴重な時間と経験だったのだと思います。

不登校なんて自分の子どもとは全く関係のない話と思っていたのに、わが子が突然不登校になってしまった。そんな時の親の衝撃・動揺は計り知れないものがあります。ところが、**子どもが不登校を体験したことに心から感謝する親がいることも事実**です。なぜでしょうか？　理由はいくつかあるかと思いますが、子どもの不登校を通して、このような状態になった時の対処の仕方、**親子関係や夫婦関係、家族関係の在り方、学校との関係、親自身の子育ての在り方、自分自身の生き方などを見つめ直すきっかけになったから**ということが多いようです。**不登校の子どもが、親や家庭、学校**

に、そして自分自身に問題を投げかけてくれたのかもしれません。

何とか子どもを学校に復帰させたいという衝動にかられ、大切なことに目を向けることなく悪戦苦闘する日々が繰り返されることが多いものですが、不登校と向き合う過程で、親子の絆、夫婦の絆、家族の絆などが強まったとか、子どものことをより多面的に見ることができるようになったという報告も多数あります。

子どもの不登校を歓迎する親などいませんし、わが子が不登校なんかになってほしくないというのが本音で、こうした報告は負け惜しみではないかと疑いがちですが、決してそうではありません。今まで見えてこなかったものが見えてくる、考えもしなかったことを考えるきっかけになるということであり、**子どもの不登校をポジティブにとらえていくことが大切**です。

第7章 高校生活の悩みQ&A

ともに不登校やいじめの問題に取り組んできた仲間である教員、古澤賢祐さんがまとめた質問応答集を本書の締めくくりとしたいと思います。

古澤さんは現在、能登の公立高校で、地歴・公民科の教員を務めています。彼が金沢大学大学院修士課程に在籍中、私の助言を得ようとわざわざ訪ねてきたことが出会いでした。古澤さんの修士論文は主として不登校に関するものでした。

ここでは高校教員の立場で、保護者や生徒の疑問・質問に対し、分かりやすいQ&A方式で子どもの成長を支援する方法などを提示しています。

保護者にとっては、学校の先生がどういう教育観をもって子どもを育てているか、その一端を知ることができると思います。ぜひ参考にしていただければと思います。

親からの質問

本文中の注釈（＊）は１８４ページに掲載しています。

Q 態度がコロコロ変わる子ども

やる気が満ちあふれていたかと思えば、無気力になったり、家族や周りに優しいかと思えば、自分勝手な行動をとったり、勉強に対して一生懸命かと思いきや、「勉強なんてしたくない」なんて言ったり、子どもの気持ちがよく分かりません。親としては、どのような対応がよいでしょうか？

A

小学４年生あたりまでは無邪気だった子どもが、小学校高学年から中学、高校生になるといろいろな悩みを抱えたり、反抗的な態度を取ったりするということはよく聞く話です。青年期は、「児童期の安定した精神状態からきわめて深刻な動揺をもたらす時期」（＊1）と言われています。まず身体が急速に発達します。それに伴い心の面も大きく揺れ動きます。青年期は不安と動揺を特徴とする「疾風怒濤（しっぷうどとう）の時代」と言われますが、これは肉体的にも精神的にも、風が激しく吹き、大波が打ちつけるような状態ということで、この青年期には対立感情（*2）が相互に出現すると言われています。

対立感情というのは相反する感情のことで、「①無気力—熱情、②快—不快、③自負—謙虚、④利己—愛他、⑤善行—悪行、⑥社交—孤独、⑦多愛—冷酷、⑧知識に対する渇望—冷淡、⑨学理の研究—実際的活動、⑩保守—急進」などが挙げられています。これらの相反する感情が比較的短い間に交互に現れるのです。

子どもたちの様子を授業などさまざまな場面で観察していると、中高生の悩みや葛藤は、こうした形で現れることがほとんどではないかと感じることがあります。無気力になる場面、熱心になる場面、自負をしたと思えば謙虚になったり、利己的かと思うと愛他的な行動をとってみたりなどです。

大切なのは、それらを繰り返しながら成長を重ねていっているのだと考えて、温かく見守ることではないかと思われます。したがって、一貫性のない、とりとめのない言動を繰り返す子どもに振り回されないで、その繰り返しを楽しむという姿勢で臨んでみてはいかがでしょうか。

子どもが何かに悩んでいる様子

子どもが何かに悩んでいる様子なのですが、親には全く話してくれません。どうしたらよいでしょうか？

A　高校生の悩みには、進路についての悩み、人間関係についての悩み、家族に関しての悩みなど、さまざまな悩みがあります。親としては「どうしたの」と直接聞いてみたいところですが、子どもとしては「親にだけには知られたくない」「親には心配かけたくない」と考えている場合も少なくありません。そんな場合は、家族の兄弟姉妹、親戚、祖父母など、ご本人が話しやすい人に繋いで、さりげなく聞いてみるのはいかがでしょうか。または、学校の先生にそれとなく相談してみるのはいかがでしょうか。

親や教師が、とりとめのないこと、些細なことと考えているようなことでも悩んでいることがあります。青年期の課題として、「親の管理下から離れ、自らの力で自己決定するようになりたいという心理的離乳の要求」をあげている学者（＊3）もいます。心理的に乳離れ、親離れをしたいということでしょうね。自らの経験を振り返っても当然のことと思われます。ところがそうしたいと思っていても、いったいどうすればよいかが分かりません。学者は先の文に続けて「これに伴う葛藤解決、性的関心と異性適応、自立の達成、世界観の形成、これらを統合し組織化する自我の発見」と課題を挙げています。なんだか難しい言葉が並んでいますが、要するに青年期には、解決すべき問題が山ほどあって、しかも手探り状態のため、悩みも尽きないということになります。

ですから、ご本人が安心して話ができる人と繋ぎ、どんな悩みがあるかを傾聴し、本人のペースでどうしていきたいか、無理に解決を求めるのではなく、共に考え、伴走してあげられる存在を見つけてあげたらと思います。その際には、「友達的な関わり、兄姉的な関わりができる人が望ましい」ということもあります。

Q イライラしている子ども

子どもがストレスを抱えているのか、イライラしている様子が多くなってきました。親としてどのように対処したらよいでしょうか？

A ストレスの原因はさまざまですが、独立行政法人国立青少年教育振興機構が実施した「高校生の心と体の健康に関する意識調査（２０１８年）」によれば、「最近1年間ストレスを感じたことがあるか」という問いについては、「よくある」「ときどきある」という回答は全体の75％となっています。そして、ストレスの原因として「進学や進路のこと」「勉強のこと」が高くなっています。

生きていくうえで、むしろ適度なストレスが必要という見解もあります。ストレスをネガティブにとらえず、各自が自分に合ったストレス対処方法を身につけて乗り越えてほしいものです。ネガティブな出来事から、自らの力で回復する力とも言われる「レジリエンス」も大切になってきていますね。

高校では、進路について、ホームルーム、ガイダンスや講演会、個人面談を通して、子どものキャリアについて適性などを発見させるワークなどを行っております。ぜひ積極的に参加し、自らの「強み」(＊4)を発見し、それを生かして将来への明るい一歩を踏み出してほしいと願っています。そのほか、前述のように、青年期はさまざまな悩みを抱えやすい時期ですので、ご本人が安心して話すことができるような人がいてほしいものです。

分かってくれない、と口もきかず

「親は何もわかってくれない！」と子どもから言われ、口をきいてくれない時期がしばしばあります。親として、どうしたらよいでしょうか？

先ほども述べましたが、青年期は疾風怒濤の時代、悩みや葛藤を行ったり来たりして揺れ動いている時期です。調査によれば「親（保護者）は、私のことを分かってくれる」「親（保護者）は、私の悩みを聞いてくれる」という項目では、「そ

うだ」と回答した割合は、日本ではいずれも7年前より高くなっています。少しずつ親に悩みを話したり、コミュニケーションをとれたりするようになってきたものと思われます。

大切なのは、親御さんが「子どものことを理解しなくてはならない」「悩みを聞いてあげなければならない」などと力みすぎず、無理せず大らかであることが大切であると考えます。親の有難さを理解してくれる日が必ず来ます。それを信じて、ご本人が安心して話すことができて前進できる、そんな人に話をしてみるよう繋ぐことが大切かもしれません。

Ｑ 子どもが突然、競技への情熱失う

子どもは、同じスポーツをずっと続け、親も支援し、たくさん入賞もしてきましたが、パタリと情熱を失い、やめたいと言い始めました。親として、どのように関わったら良いでしょうか？

まずは、これまで頑張ってきたことを承認し、誉めてあげることが大切だと思います。一時的なスランプなどで落ちこんでいるだけなら、しばらく休養をとることを勧めて、クラブや部活動に籍を数カ月置かせてもらい、戻れる余地を残しておく。そして、しばらく期間を経ても気持ちが変わらない場合は、その意志を尊重します。そのように段階を踏めば、親子が少しずつ納得できるのではないでしょうか。

スポーツ選手が燃え尽きてしまうバーンアウトについて、近年よくメディアに取り上げられています。1秒でもタイムを縮める、1点でも多く得点を決める、勝つために心身ともに極限まで追い込み向上を目指すなど、精神的にも体力的にも強靭（きょうじん）な状態が求められます。ケガやトラブル、スランプなどにより、バーンアウトにつながることもよくあります。

そのような状態では、自傷や自身の存在の否定など、深刻な事態である心配もあります。「その競技で活躍、入賞できなくとも、続けられなくても、あなたはあなたであり、大事なかけがえのない存在なのだ」と子どもに寄り添い、深刻な事態は避けたいものですね。

海外では、一人の子どもが複数の競技に取り組むことも多いと言われます。前向きに、別の競技やスポーツ以外の別の趣味などにチャレンジするのも良いのではないでしょうか。何よりも本人が納得して、熱中して心からやりたいことをさせてあげることが一番なのではないでしょうか。

Q 子どもが中退したいと言い出した

子どもは、せっかく努力して入った学校なのに、中退したいと言います。親としてどうしたら良いでしょうか？

A 高校生の中途退学については、高賢一先生は、ご自身の論文で教員に向けて、中退を望む子どもは「学校や教師に反発しながら期待している」こと、「強気と弱気の葛藤心理を理解する必要がある」こと、「多様な価値観をもつ生徒のニーズに配慮し、自立を支援すること」、「精神疾患や発達障害を抱えた生徒の支援に努力すること」というポイントを示しています。

さらに、中途退学の背景には、心理的な背景があることを念頭にして、指導ではなく支援の視点が大切だと述べています。つまり、子どもの想いや価値観、精神疾患や発達障害等の状況を良く考慮に入れ、本人の想いに寄り添い、ともに中退を予防できないか模索し、また中退せざるを得ない状況になったとしても、前向きに次の道に繋がるように共に考えることが親や教師に求められていると思われます。

生徒からの質問

Q 先生には気軽に相談できない

先生に相談しようと思っても、なかなか何でも気軽に相談できません。生徒として、どうしたらよいでしょうか?

なかなか自分のことを理解（＊5）してくれそうな先生が見つからないのかもしれませんね。相談室や保健室、スクールカウンセラーなどを利用してみてはいかがでしょうか。必ず話を聴いてくれる人がいます。しかし、それでも相性が良くないということもあります。その際は、医療機関のカウンセラー等を利用してみるのもよいでしょう。

一方で、教員は子どもについて理解し、認める必要はありますが、自分のクラスの子どもが担任以外の先生に相談することに寛容である必要があります。どうしても担任が苦手な場合は、自分を理解し認めてくれる教職員を探してほしいものです。

Ｑ 友達と無理に話を合わせる

友だちと話が合いません。周りの友だちがどう思っているか気になってしまい、結局、無理やり話を合わせています。どうしたらよいでしょうか？

高校生の学校生活における友だちとの関係性（＊6）は非常に重要ですね。学校に行きたいかどうか、行けるかどうかを大きく左右する問題だと思います。

社会に出て仕事をしたら、協調性をもって周りの人に合わせることも大切といわれます。ただ、あなたを理解してくれて、励ましてくれる人は必ずいるはずです。まずは、あなたが親御さんに愛されて、この世に誕生したこと、あなたが元気で生きていてくれることで、日本の社会も助かっていること、あなたの存在が尊いことを確認してほしいと願います。

真の友だちは、一生涯かけて一人か二人できればよいという考えもあります。まずは自分を愛し、周りの友だちを大切にしているというあなたの行動は素晴らしいと思います。ただ、気にしすぎて無理に合わせてしまっているところがあるとするならば、無理せずにできることとできないことを分けてみてはいかがでしょうか。どうしてもつらいことがあれば、周りの話しやすい大人に話してほしいと願います。

試合にも出られない。やる気を保つには？

私は部活動を一生懸命頑張っていますが、部員が多く、レギュラーどころか試合にすら出場できません。どうしたら自分のモチベーションを維持できるでしょうか？

部員が多ければ多いほど、確かにレギュラーになって試合に出られる確率は低くなってきますね。したがって、レギュラー選手となり結果も出て脚光を浴びて活躍することよりも、試合に出られないながらも、地道に努力を重ねることはきついという面があるかもしれません。

とある大会社の社長が言いました。「大活躍するエース的なスポーツ選手も仕事でよく頑張るが、長年ずっと地道に頑張れるのは、ベンチ入りすらできなくても腐らずに努力を続けることができた者。これは、仕事面では非常に粘り強く頑張ることができる」と。そのような励ましも必要かと思います。

「誰一人チームにとって要らない者はいない」「自分ができることを着実に続ける」「その頑張りを誰かが見てくれている」。このような言葉をたえず意識して、地道に努力してほしいと思います。卒業後には、必ずどこかでその努力が花開くこともあるとポジティブに考えていただきと思います。

教師からの質問

Q 試合で力出せない生徒、どう励ます？

部活動の試合の大事な場面で、生徒が出場することができました。ただ、毎回緊張のあまり、普段の力が発揮できないように思います。温かく励ますなどしているのですが、他に何ができるでしょうか？

「あたたかく励ます」「栄養のある食事を作る」、それだけでも十分子どものパワーになっていると思います。メンタルコーチとしてビジネスとスポーツの両分野で実績を残してきた飯山晄朗（じろう）氏は、メンタルコーチングをした星稜高校野球部を甲子園決勝進出に導き、女子スピードスケート高木菜那選手が平昌五輪で２つの金メダル獲得という成果を挙げています。

「大事な場面で弱気になってしまう」「勝負どころで緊張して失敗を重ねてしまう」など、メンタルに関する不安・不調を脱するカギは、まず「自分の感情をコントロールする術」を知ることだそうです。起こりうるピンチを想定したうえで、ピンチの時にどう対処するか事前に考えていると思われます。

そして、「実際のピンチの場面でもやるべきことをしっかりできること」が大切とのことです。緊張した時にどうするかを考えておくこと、深呼吸を大切にすること、そのほか、自らやる気を出す方法などを紹介（＊7）されています。ご参考になさってみてはいかがでしょうか。

【註】

(＊1) Eduard. Spranger『青年の心理』

(＊2) Hall,Granville.Stanley,『青年期―その心理学及びその生理学・人類学・社会学・性・犯罪・宗教・教育との関係』

(＊3) Leta. Stetter. Hollingworth『青年心理学』

(＊4) 強み (strength) とは、「人が活躍したり、最善を尽くすことを可能とさせるような特性」と定義される。「強み」の活用は、ストレスの低減やwell-beingの促進といった精神的健康における効果だけでなく、個人の自尊感情や全般的な自己効力感を高め、心理的な活力やポジティブ感情を感じやすくする。

(＊5) 同調査では、「学校には私を理解し、認めてくれる先生がいるか」ということについて、「そうだ」「まあそうだ」と答えた割合が、2017年では60・1%、2010年では52・6%となっており伸びがみられる。しかしながら、これは米国、中国、韓国と比べると低調であるとともに、依然として約4割の子どもが肯定的に答えていない結果になっていることが気にかかる。「学校には何でも相談できる先生がいる」という項目についても、日本は低調である。

(＊6) 同調査において「友だちに合わせていないと心配になる」という項目では、2017年段階では韓国と中国よりは高い割合で、友だちに合わせていないと心配になるという結果となっている。「友だちが私をどう思っているか気になる」という項目の2017年段階では、米国、中国、韓国に比べて高い割合で、気になるという旨の回答が見られる結果となっている。

(＊7)『百年メンタル～心の調子をキープする言葉の取扱説明書』

謝　辞

公立高校教諭　古澤　賢祐

私は、金沢大学大学院在籍中に「不登校の子どもへの支援を行う学生の関わり方についての研究」を進めるにあたり、高先生に大変お世話になりました。さらに、大学院生としての学びの傍ら、理論と実践の統合を目指し、石川県の県立教育支援センター（やすらぎ金沢教室）等でのボランティア活動をご紹介いただき、そうした貴重な活動を体験することができました。

その際も、大変ありがたいご指導・ご助言をいただきました。その後、教員となった後も有益なご助言をいただき、導いて下さり、育てていただきました。

この度は、僭越ながら拙文の掲載機会を賜り、大変光栄に思います。何分にも現在の私の乏しい経験と知見では物足りませんので、高先生の豊富なご経験とご知見とを合わせてご意見を賜り、執筆させていただきました。

近年の子どもの意識調査では、「私は価値のある人間だと思う」「私は人とうまく協力できるほうだと思う」「私は今の自分に満足している」「私は努力すれば大体のことができると思う」「私は辛いことがあっても乗り越えられると思う」という項目に対し、「そうだ」「まあそうだ」と回答した子どもの割合は、日本ではいずれも7年前より高くなっているとのことです。しかし、米・中・韓と比較すると、依然と低い状況にあるようです。

新しい未来を切り開くのは子どもたちです。子どもたちが希望をもって進んでいくことができるように、家庭と学校が連携していくことが大切であることは、今も未来も変わらないのではないかと思われます。皆様の未来に幸い多からんことを願います。

【参考文献】

○高賢一著『石川県における子どもの健全育成に関する考察』（２００７年、金沢星稜大学経済研究所年報第27号）
○高賢一著『教育支援センターから再出発する子どもたち』（２００８年、日本生徒指導学会編「生徒指導学研究第７号」）
○東京都教職員研修センター編『子供の自尊感情や自己肯定感を高めるためのQ＆A』（２０１１年度）
○高賢一著『不登校だっていいじゃないか！』（２０１６年、アントレックス社）
○秦公一著『子どもがみるみる変わるコーチング』（２０１７年、秀和システム）
○高賢一著『不登校を乗り越えるために』（２０１７年、北國新聞社出版局）
○山脇由貴子著『思春期の処方せん』（２０１８年、海竜社）
○「高賢一の実践親子塾」（２０１８年４月～２０２１年３月、北國新聞朝刊生活・文化欄連載記事）
○菅原裕子著『子どもの心のコーチング』（２００７年、ＰＨＰ文庫）
○長沼睦雄著『「自己肯定感」をもてない自分に困っています』（２０１８年、宝島社）
○高賢一著『思春期の子どもとどう接するか』（２０２０年、北國新聞社出版局）
○加藤紀子著『子育てベスト１００』（２０２０年、ダイヤモンド社）
○高賢一著『家庭で役立つ10代子育てのヒント』（２０２１年、北國新聞社出版局）

あとがき

子育てに関する本は今回で４冊目となりましたが、本書に収められている不登校の子どもと向き合う「やすらぎの会」の会員有志の皆さんの寄稿、高校教員の古澤賢祐さんの寄稿は、私にとって貴重な宝物となりました。寄稿していただいた皆さん、加えて古澤さんの寄稿に温かいご支援をいただいた石川県立七尾高校校長の大西誠先生に、この紙面をお借りして心よりお礼申し上げます。

本書には、主にいじめの問題と不登校の問題が取り上げられていますが、この２つを貫くキーワードは「自尊感情」です。日本の子どもたちの自尊感情は他の国に比べて低いと言われていますが、中でも不登校の子どもたち、いじめの被害者の子どもたちは「低い自尊感情」という点で共通しています。

普通に自尊感情を有していた子どもでも、いじめられたり、学校に行けなくなったりすることで、自尊感情が低下してしまうことが少なくありません。

こうした子どもたちの自尊感情を少しでも高めてあげることで、子どもたちが自分自身を受け入れ、前向きに生きる力になり、さらにその力が子どもの自立に結びつくという私なりの信念があります。

北國新聞社出版局から本を出版させていただきましたが、いずれも担当スタッフの方からきめ細かい適切なご指導を賜り、厚くお礼申し上げます。

拙著が少しでも子育てに悩む皆様のお役に立つことを願ってやみません。

令和5（2023）年2月

高　賢一

高　賢一（たか・けんいち）

昭和28（1953）年、石川県輪島市生まれ。金沢学院大学特任教授。白山市在住。

金沢大学法文学部専攻科修了、上越教育大学大学院教育学研究科修士課程修了。石川県内の公立中学校・公立高校教諭を経て、石川県教育センター指導主事、県立教育支援センター（やすらぎ金沢教室）の主任指導員に就く。平成17（2005）年4月より金沢星稜大学人間科学部教授。同30年3月に同大学を定年退職後、4月より現職。

多年にわたり不登校・いじめ問題などに取り組み、不登校と向き合う親の学習会（やすらぎの会）でアドバイザーを務めるほか、公立中学校・公立高校のスクールカウンセラーも行う。不登校に関する論文・講演会多数。

学校心理士スーパーバイザー、ガイダンスカウンセラー、メンタルケア・スペシャリスト、社会教育主事としても活動しており、金沢大学、県立看護大学、県総合看護学校、北陸大学、北陸学院大学などで非常勤講師を務める。日本学校教育相談学会石川県支部理事長、北陸ガイダンスカウンセラー会副会長、石川F・H（不登校・ひきこもり）の学習会代表。

平成22（2010）年には、「いじめ・不登校問題等と向き合って」で、第26回暁烏敏賞を受賞。主な著書に『不登校だっていいじゃないか！』（アントレックス社,2016年）、『不登校を乗り越えるために』（北國新聞社出版局,2017年）、『思春期の子どもとどう接するか』（北國新聞社出版局,2020年）、『家庭で役立つ10代子育てのヒント』（北國新聞社出版局,2021年）。

子どもの自尊感情をいかに育てるか
—いじめ問題を中心に—

2023（令和5）年3月10日　第1版第1刷発行

著　者　高　賢一

制　作
発　売　北國新聞社出版局

住所　〒920－8588
金沢市南町２番１号
TEL　076－260－3587（出版局直通）
FAX　076－260－3423
E-mail　syuppan@hokkoku.co.jp

ISBN 978-4-8330-2278-1